2小时轻松入门
心理学

[日] 斋藤勇 ｜ 著

杜妍 ｜ 译

北京时代华文书局

图书在版编目（CIP）数据

心理学 /（日）斎藤勇著；杜妍译 . -- 北京：北京时代华文书局，2023.8
（2 小时轻松入门）
ISBN 978-7-5699-4291-0

Ⅰ . ① 心… Ⅱ . ① 斎… ② 杜… Ⅲ . ① 心理学 Ⅳ . ① B84

中国国家版本馆 CIP 数据核字 (2023) 第 150058 号

Zero Kara Hajimeru! Shinrigaku Mirudake Note
by Isamu Saito
Copyright © 2017 Isamu Saito
Original Japanese edition published by Takarajimasha, Inc.
Simplified Chinese translation rights arranged with Takarajimasha, Inc.
Through Hanhe International(HK) Co., Ltd.
China Simplified Chinese translation
rights © 2019 Beijing Time-Chinese Publishing House Co., Ltd.

北京市版权局著作权合同登记号 图字：01-2019-3258 号

2 XIAOSHI QINGSONG RUMEN XINLIXUE

出 版 人：陈 涛
责任编辑：余荣才
责任校对：李一之
装帧设计：程 慧 王艾迪
责任印制：訾 敬

出版发行：北京时代华文书局 http://www.bjsdsj.com.cn
　　　　　北京市东城区安定门外大街 138 号皇城国际大厦 A 座 8 层
　　　　　邮编：100011 电话：010-64263661 64261528
印 　 刷：北京毅峰迅捷印刷有限公司
开 　 本：880 mm×1230 mm 1/32　　　成品尺寸：145 mm×210 mm
印 　 张：6　　　　　　　　　　　　　字 　 数：230 千字
版 　 次：2023 年 9 月第 1 版　　　　　印 　 次：2023 年 9 月第 1 次印刷
定 　 价：58.00 元

看透隐藏的内心

　　人心难测，我们时常会因无法揣摩他人的想法、体悟他人的感受而感到不安。

　　不仅如此，我们有时甚至连自己的内心也无法看清楚。比如，在日常生活或工作中，我们曾经因某件事而愤怒，在事后却又感到后悔。又比如，当自己心仪的异性同自己搭讪时，自己竟然一时提不起兴趣。这些是不是让人觉得不可思议？

　　我们通过无数的心理学实验，揭开了一个又一

个自己无法看清的神秘心理现象。正是通过实验，我们得以将揭开的各种心理现象总结成各种理论和法则。

在我们的日常生活中，心理学理论和法则十分有用。只是大多数理论比较晦涩，要想学好，需要事先掌握专业知识。

因此，在本书中，我们侧重通过插图来描绘人们日常交流的情形和实验的过程，力图运用浅显易懂的语言来阐释心理学理论和法则。倘若读者通过阅读本书，对能够触及人类深不可测的内心且充满魅力的心理学产生些许兴趣，那么我会感到无比喜悦。

目 录
Contents

CHAPTER 1

不可思议的
人类心理

01 因侧脸而怦然心动 ………… 2

02 拒绝挑战的心理 ………… 4

03 在考试的前一天打游戏 … 6

04 吃东西却无法获得满足 … 7

05 如何应对喜欢挖苦人的
   上司？ ………… 8

06 回报性心理 ………… 10

07 对在意的言语下意识地
   做出反应 ………… 12

08 不愿舍弃自己的物品 … 13

09 为什么会喜欢与自己
   相似的人？ ………… 14

10 越吵架越亲密？ ………… 16

11 想违抗指责和命令 ………… 18

12 即使错了，也要和大家
   保持一致 ………… 20

13 过度放松反而不好 ……… 22

14 第一印象有多重要？ … 24

15 结尾好，一切都好 ……… 26

16 异地恋真的很难吗？ … 28

17 失恋时，难以抵抗
   善意 ………… 30

18 工作动力取决于四种
   需要 ………… 32

19 女性遇到烦恼时的倾诉，
   并非寻求解决方案 ……… 34

20 想拥有昂贵的手表 ………… 36

21 高学历能让人看起来
   帅气 ………… 38

22 在意排名 ………… 40

23 一听说是王室御用品，
   就产生想拥有的欲望 … 42

24 挖苦总是让人心生不快 … 44

1

25 不可思议地觉得自己什么
都能做到 ·········· 46

26 在黑暗处易吐露真心 ······ 48

27 要提防送上热吻的男性 ····· 50

28 总是回答"还行" ········ 52

29 为什么会视而不见呢？ ···· 54

30 如何回答关于缺点的
问题？ ·········· 56

31 迷路了也不会哭的孩子 ···· 58

32 什么是被讨厌的勇气？ ···· 60

专栏 1
为什么会患上心理疾病？ ·········· 62

02 事业有成人士的特征 ······· 66

03 从姿势可以看出一个人的
心扉 ·········· 68

04 瞬间火冒三丈的人的
心理 ·········· 70

05 性格会体现在体型
上吗？ ·········· 72

06 地位高的人态度傲慢？ ···· 74

07 在意与恋爱对象是否
相配 ·········· 76

08 咬笔的人较悲观？ ········ 78

09 交往过的真实人数是
多少？ ·········· 80

10 爱慕虚荣有规律可循 ······ 82

11 有隐情的人会摸脖子？ ···· 84

12 从坐下时腿的姿势来判断
需求类型 ·········· 86

13 女性在在意之人面前会
少食 ·········· 88

14 不由自主地注视在意之人
的心理 ·········· 90

CHAPTER 2

看穿他人的心理

01 上司的类型 ·········· 64

15 被夸奖也不开心的理由 ···· 92

16 坏事都是别人的责任 ······· 94

17 动不动就将责任推给
他人 ··························· 96

18 爱讲道理的人的心理 ······· 98

19 喜欢上少女的人的特征 ··· 100

20 从喜欢的颜色可以看出
性格 ························· 102

21 透过眼睛动作可知心中
所想 ························· 104

22 出轨的人的特征 ··········· 106

23 互相直呼其名的情侣会
长久? ······················ 108

24 与他人交谈的最佳距离 ··· 110

25 身份会改变身高? ········· 112

26 身体下意识地倾向喜欢的人
的原因 ···················· 114

27 见面那一刻微微蹙眉 ····· 116

28 快嘴多言的心理 ··········· 118

29 经常使用第一人称的
男性 ························· 120

专栏 2
精神科医生与心理医生的
区别? ······················ 122

CHAPTER 3

触动人的
内心

01 相信占卜的心理 ··········· 124

02 如何提高下属的
积极性? ···················· 126

03 容易相信传言 ············· 128

04 不自觉地顺从不改变主张
的人 ························· 130

05 被夸奖之后会更加努力 ··· 132

06 巧妙的拒绝方式 ··········· 134

07 请托时找个理由 ··········· 136

08 被批评者的心态会随着批评方法的变化而变化 ……138

09 团队建设的诀窍 ……140

10 越见面越喜欢 ……142

11 模仿就会获得好感的法则 ……144

12 想收回成本的心理 ……146

13 自己敞开心扉，对方也会敞开心扉 ……148

14 在商务活动中经常聚餐的原因 ……150

15 对限定商品没有抵抗力 ……152

16 预言能使美梦成真？ ……154

17 掌握说话技巧 ……156

18 听完商品介绍就想买 ……158

19 初次约会选在氛围好的地方 ……160

20 如果给人的第一印象太差 ……162

21 各种谈判技巧之一 ……164

22 各种谈判技巧之二 ……166

23 与恋人步入倦怠期时 ……168

24 如何应对两难选择？ ……170

25 拿出最大干劲的难度有多大？ ……172

26 建议要适度 ……174

27 改善颜值更容易获得成功 ……176

28 想增进关系，就从右侧接近 ……178

29 用音乐调整精神 ……180

专栏 3
什么是心灵主义？ ……182

CHAPTER 1

不可思议的
人类心理

因侧脸而怦然心动

不可思议的心理
01

看到对方的侧脸时，为什么会怦然心动呢？

想必许多人曾有过因看到异性的侧脸而怦然心动、心中如同小鹿乱撞的体验。人的面部表情及其带给他人的印象，会因他人观察的是正面还是侧面、是左面还是右面而大不相同。大体来说，人的左右脸是不一样的。请仔细观察一下镜中或相片中的自己，应该能发现自己的左右脸存在差异。

如果按照这个条件……

真是个容貌端正的帅哥啊……

工作时以右脸示人

右脸的表情会受到掌管逻辑思维的左脑的强烈影响。特别是在集中精力工作的状态下，右脸会显得充满智慧。若想让自己看起来潇洒或极富魅力，就以右脸示人吧！

关于左、右脸，一般来说，右脸展现知性，左脸显示温柔。也有说法称，右脸展现的是客套，左脸表露的是内心。在商务场合以右脸示人、在私下交往或恋爱中以左脸示人，往往能给对方留下不错的印象。此外，脸面越接近左右对称的人，看起来就越漂亮英俊，容易得到异性的爱慕。在动物界也是如此，那些尾巴、翅膀或身上的花纹对称的动物更容易得到异性的喜爱。

接下来咱们去哪里呢？

孝君真是温柔又帅气啊……

恋爱时以左脸示人

左脸的表情会受到掌管情感的右脑的强烈影响，柔和的表情会让人感到赏心悦目。所以约会的时候请尽量以左脸示人吧！

右脸：面向工作　　左脸：面向私人

知性＆场面

右脸展现知性且不易表露情绪，因此容易撑场面，适用于工作场合。

温柔＆内心

左脸展现温柔，易表达真心，适用于以爱待人的私人场合。

人脸是左右不同的

人的左、右脸有着微妙的差异，正面看上去是歪的，侧面看上去更好看。

不可思议的心理

02

拒绝挑战的心理

放弃挑战是有其心理原因的。

一个人即使不想出人头地，但至少也曾渴望过获得成功，远离失败，只是实际行动起来时又是另一番情形。那些一度懵懵懂懂怀揣着成功梦想的人，真正为实现梦想而挑战的并不多。这主要源于人类的一种心理现象——成功恐惧。

> 我想变得有钱，更想出人头地！

> 可是出人头地实在太难了，要与同事竞争、牺牲掉私人时间，有可能还会遭到别人的怨恨。

总经理

每个人都有愿望

人皆抱有希望，但能不能为之努力就因人而异了。

消极的想象

逃避努力的人，往往对可能取得成功的过程及成功后的状况产生消极的想象。

……不，这种想法不对，我应该再努力试试！

还是维持现状比较好吧……

成功

强烈地渴望成功

那些即使认识到自己存在逃避成功的倾向，也仍旧强烈渴求成功的人，想必终会得其所愿。

想逃避成功

像这样，人具有无意识地逃避成功的倾向。无论是为成功努力也好，逃避也罢，认识到自己具有这种倾向尤为重要。

心理学家霍纳曾提出："人具有无意识地逃避成功的心理。"这一理论被称为"成功恐惧理论"，即当考虑到成功必然伴随着失败和风险时，人们会下意识地对成功感到恐惧。那么，在此前提下我们该如何取得成功呢？或许只有在意识到成功与失败、风险同在，抱着"即使如此也要取得成功"的决心且无所畏惧地前行，才能取得成功。

不可思议的心理

03

在考试的前一天打游戏

在考试的前一天不自觉地做其他事情。这是什么心理?

　　许多人曾有过这样的经历: 第二天就要参加重要的考试了,自己却逃避学习去玩游戏。为什么会出现这种状况呢? 其实,每个人都具有一种心理防御机制,即为避免失败所带来的伤害,会下意识地在心里设下一道防线,从而故意营造出对自己不利的局面。这种机制被称为"自我妨碍"。

行动式自我妨碍

到了学习的时间就开始打游戏或者收拾屋子,像这样通过自身行动来实现自我妨碍的行为被称作"行动式自我妨碍"。

自陈式自我妨碍

为了失败时周围人不会降低对自己的评价,或者成功时更能获得赞扬而提前说出一些预防性的话语,这种行为被称作"自陈式自我妨碍"。

不可思议的心理

吃东西却无法获得满足

不管是食物还是其他东西，越轻而易举得到的东西越难满足欲望。

即使是同一种食物，比起买回来就可以直接食用的，自己动手制作的更能让人满足。不过，嫌麻烦的人一般不怎么做饭，他们更乐于吃快餐和网购食物。他们对这些食物会产生不满足感，也就吃得过多，因此很容易患上肥胖症或暴食症。这种能导致恶性循环的心理现象被称为"奖赏缺陷综合征"，不只出现在食欲上，它也被认为是隐藏在很多其他依赖症背后的机制。

好吃得停不下来啊……

已经吃了十个了，很满足……

糖炒栗子（去壳）

糖炒栗子（带壳）

不费力就不能满足

不只是奖赏（我们以获取食物为例），如果人们在满足自己需求时没有耗费力气（比如经过生产加工等）就搞到手，大脑内就不会分泌足够的与奖赏有关的激素。因此，人们就无法获得满足感，就会不自觉地陷入暴饮暴食之中。对于那些想减肥的人来说，重要的一点就是要尽可能地自己做饭自己吃。

05

如何应对喜欢挖苦人的上司?

对于平白无故就挖苦人的上司,该如何应对呢?

　　若想在职场上顺遂,与上司处理好关系就显得尤为重要。但如果自己的上司是一位多嘴多舌又爱挖苦人的人,那么你在公司里、在工作中一定会感到痛苦。在心理学交往分析理论中,人与人之间所进行的全部行为都被称作"安抚"。而像贬低或挖苦他人这样造成他人消极心理的行为叫作"负面安抚"。

施加负面安抚较多的人（这里指好挖苦人的上司），倾向于将自己内心深处的不安以贬低他人的形式向他人释放，并以此获取安心感。**上司看到他人因自己的挖苦而产生动摇、难过的反应（安抚），心里便得到了满足。对于这样的上司，不要正面接招，而应轻巧地回避，这才是上上之策。**失去施加这种负面安抚的对象，上司会备感无趣，或许就不再挖苦人了。

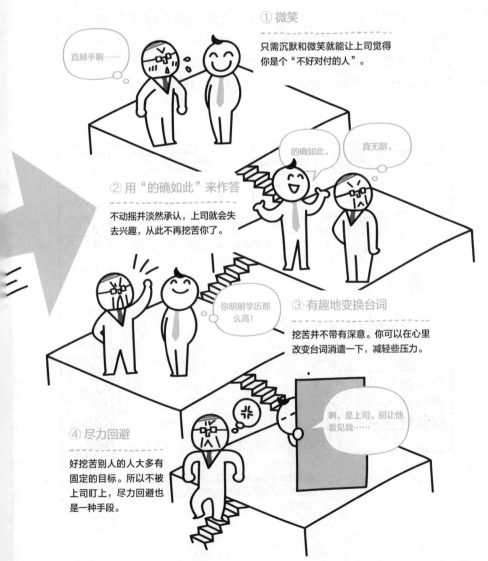

① 微笑

只需沉默和微笑就能让上司觉得你是个"不好对付的人"。

真棘手啊……

的确如此。　真无聊。

② 用"的确如此"来作答

不动摇并淡然承认，上司就会失去兴趣，从此不再挖苦你了。

你明明学历那么高!

③ 有趣地变换台词

挖苦并不带有深意。你可以在心里改变台词消遣一下，减轻些压力。

啊，是上司。别让他看见我……

④ 尽力回避

好挖苦别人的人大多有固定的目标。所以不被上司盯上，尽力回避也是一种手段。

06 回报性心理

当人被给予时，就会想着回报对方。这种心理被巧妙地运用在商业领域。

无论是谁，当有人向自己示以善意时都会感到愉悦。不止于此，自己也常常会对那人心怀善意。这是人的一种本性。人们总是下意识地希望自己被周围的人接受且获得他们的认同。因此，对于那些有恩于自己或者肯定自己的人，人们自然会对其怀有好意。这种心理现象被称作"好意的回报性"。

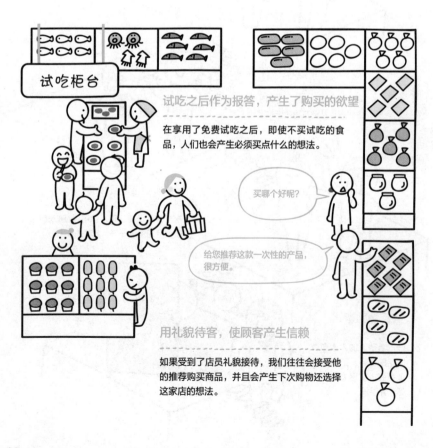

试吃柜台

试吃之后作为报答，产生了购买的欲望

在享用了免费试吃之后，即使不买试吃的食品，人们也会产生必须买点什么的想法。

买哪个好呢？

给您推荐这款一次性的产品，很方便。

用礼貌待客，使顾客产生信赖

如果受到了店员礼貌接待，我们往往会接受他的推荐购买商品，并且会产生下次购物还选择这家店的想法。

　　我们因接受他人的赠礼而感到愉悦时，就会想着回赠对方，这并非碍于情面。如果我们收到的不是物品，而是善意或肯定的态度或信息，我们同样也会对对方怀有善意。倘若我们能够完美地向对方传达自己的善意，对方喜欢上我们的可能性就会随之增加。另外，我们在接受了试用品却没有购买时，就会产生亏欠的心理。从广义上来讲，这种心理也属于回报性心理。

将回报当作习惯

在白色情人节这天，好意的回报性心理得到了充分活用，它源于情人节赠送巧克力的习俗*。另外，还有许多源于活用好意的回报性心理的习俗。比如，别人赠送自己贺礼时，自己予以回礼；旅行休假回来时，为同事购买伴手礼；等等。

* 在日本，在2月14日情人节这天，女性会送男性巧克力；到3月14日白色情人节这天，男性会予以回礼。——译者注

11

不可思议的心理

07

对在意的言语下意识地做出反应

为什么我们身处嘈杂喧闹的环境中，依旧能够捕捉到自己感兴趣的话题呢？

兴许我们都曾有过这样的经历，当身处拥挤的舞厅等嘈杂的场所时，我们可以轻而易举地捕捉到自己感兴趣的话题，或当即意识到有人提到了自己的名字。心理学家切利将这种心理现象命名为"鸡尾酒会效应"（又叫"选择性关注"）。

这回……

嗯嗯……

嗯？谁在说我的事情？

说起来，之前……

×× 女士……

只能听到在意的言语

当有人谈及我们的名字、爱好、所属公司等时，我们会自然而然地在意起来。

曾经进行过如下实验

那个时候，我在望天……

充满着舒适的气氛……

两耳同时听取不同文章实验

实验的参与者被要求左右耳同时听取不同的文章。在被要求复述文章内容的时候，被试者只能复述出事前关注的文章内容。基于这个实验，心理学家提出，注意力是有选择性的，人们会选择性地注意自认为重要的信息。

小贴士

选择性注意

在大量信息充斥的状态下，人们只会注意和理解自己选择的事物或对于自己重要的信息。对于那些与自己无关的信息，人们只能识别其声响。

不可思议的心理

08

不愿舍弃自己的物品

不管怎样都不愿舍弃自己的物品，是源于怎样的心理呢？

　　"断舍离"和极简主义等所主张的最小限度地持有必需品的生活方式屡屡受到社会关注。然而对任何人来说，舍弃自己购买的物品始终是个难题。因而，不经意间家中就堆满了物品。出现这种现象，与人的禀赋效应有关。禀赋效应指的是，人们认为自己持有的物品价值要比未持有时的价值高的心理效应。即使是那些经过冷静思考后被认定为没有必要留存的物品，人们也会仅仅因为它是自己的持有物而对其倍加珍爱，难以割舍。

无法舍弃归因于禀赋效应

赶紧把那个玩具扔掉吧！

它对我很重要！

请冷静地思考一下是否有必要

其实，当我们冷静思考后，那些因禀赋效应而让自己觉得具有价值的物品，即使失去了，也并不让人受到困扰。那么，我们就来重新审视一下那些平时完全不在意的物品，以及可以重新添置的物品吧。

利用禀赋效应的窍门

试驾！

您感觉怎么样？

试过之后很想拥有，我决定买了！

通过一周的试驾让消费者尝试拥有

让消费者支付定金试驾一周，消费者就会因禀赋效应而提升对汽车价值的评价，也就不再计较价格。这是美国汽车公司实际使用过的诀窍。

不可思议的心理

09

为什么会喜欢与自己相似的人？

为什么会喜欢上与自己相似的人？但有时关系也会变差……

心理学上将两者之间的相似之处称作"相似性"。在日本有"相似性夫妻"的说法。其实，从根本上来说，人们更倾向于被与自己相似的人吸引。这种观点被社会心理学家伯恩所做的实验清晰地验证，即人容易受到与自己拥有相似意见或态度的人的吸引。志同道合的人更容易变得亲密起来。

相似性

好开心啊。

我们是相似性情侣。

没什么压力。

兴趣相投。

相似令人感到亲切

容貌、兴趣、品位等相仿的男女之间易产生亲切感，从而发展为恋爱关系。

煎鸡蛋应该放盐啊！

我不能忍受除酱油之外的东西！

容易吵架

如果意见和态度不一致，就算只是琐碎的小事，也会大吵一架。

另一方面，心理学家温奇通过实验得出了与伯恩相反的结论，即性格互补的情侣相处得更加融洽。性格不同的两个人实现完美互补，这种情侣关系被称作"互补性"。他们彼此用自身的强项来弥补对方的弱项，从而加深彼此间的契合度。只不过，如果两人间的不同点过多，就会出现脾气不合，就会增加相处不融洽的状况。

互补的情侣

在彼此的世界互相扩展、互相补足的情侣关系中，恋爱的"互补性"发挥着作用。

互相认可能够增加魅力

拥有不同兴趣爱好的两个人如果能够相互认同，有可能会比"相似性"高的情侣相处得更融洽。

越吵架越亲密?

越吵架感情越好，这是真的吗?

在某种情形下，情侣间越吵架感情就会越亲密。这种情形指的是频繁吵架的情侣彼此冲对方发怒的限度较低。这个限度被称为"消极的临界值"。乍一看，消极的临界值应该越高越好。实际上，如此一来情侣对彼此的不满就会与日俱增，待爆发之时就会形成无法弥补的裂痕。

临界值较低的情侣

我才气死了!

约会时居然放我"鸽子"!

气死我了!

消极的临界值

疼……

你没回我邮件!

我太忙了!

我也是话说得有些重了。

对不起，让你难过了。

经常吵架却不会分手

消极的临界值较低的情侣，虽然频繁吵架，但不至于因此而分手。

相反地，消极的临界值较低的情侣往往不会放过任何一件小事，他们会毫不避讳地用言语或态度来表达对对方的不满，但这些不满并不会变为大的摩擦。这些情侣通常会适当地释放自己的不满。当对对方产生不满时，不过度忍耐，而是传达给对方，这其实是夫妻和睦相处的秘诀。消极的临界值是影响婚姻生活走向的决定性因素之一。

一旦吵完架就结束了

消极的临界值较高的情侣虽然不常吵架，但一旦发生争执就有可能直接导致分手。

想违抗指责和命令

不可思议的心理

为什么被要求做某件事时会产生逆反的心理呢？

在学生时代，想必每个人都曾有过这样的经历：原本打算"看完这个电视节目就去学习"，结果被父母责令"快去学习"，这时我们就会立刻失去学习的动力。人总是在下意识支配下去追求"自由"，当"自由"受到限制时就会产生抵触的情绪。这种心理现象被称作"心理抗拒"。

对命令的反抗

戒烟吧，吸烟有害健康！

不就是烟嘛，你就让我抽吧！

这里，吸烟者认为其吸烟自由受到了限制，因而继续吸烟以反抗命令。

对无法购买的反抗

什么？我一直很想要，必须赶紧买。

限时商品，今天是最后一天！

顾客因商品的购买自由受到了限制而想拥有购买自由。

对指责的反抗

虽然被劝说者与劝说者起初立场相同，但如果后者强制进行劝说，被劝说者容易改变立场。这种现象被称为"飞去来器效应"。

小贴士

飞去来器效应

这种效应存在于许多领域。它指的是劝说者试图说服他人时，他人反而选择与劝说者意图相反的立场的现象。

对劝说的反抗

当因客观原因不得不与交往对象分手时，朋友一般都会建议"分手吧"。只是这样一来，被建议者往往会想起交往对象的优点，反倒难下提出分手的决心。

当他人强迫我们去学习时，我们就会认为"按自己的计划行事"的自由受到了限制。这时，内心的抗拒情绪会让我们失去学习的欲望。一旦被他人强迫去做某件事就会立刻丧失对这件事的兴趣，这实际上是人的自然心理现象之一。在商店里，当店员说"这是最后一件"的时候，我们就会产生"错过了这一次，就再也买不到了"的想法。这也是心理抗拒的一个实例。

即使错了，也要和大家保持一致

12

明明错了，为什么还是做出与大家相同的回答？

人很容易被身边之人的意见所左右，即使觉得不对，也会做出与大家相同的行为。心理学家阿希做的从众实验表明，一道三选一的问题，当被试者单独回答时，回答正确率为99%；当被试者与6名假被试者共同回答时，因6名假被试者给出了错误答案，最终导致被试者回答的正确率下降了三分之二。

阿希的从众实验

假——假被试者　被——被试者

当假被试者全体给出同一错误答案时，从众率为 75%

当除自己之外的全部参与者给出了同一错误答案时，自己也会选择该答案。对未从众的被试者进行重复测试，发生一次从众行为的比例为75%。

当有两名被试者时，从众率为 10%

有两名被试者时，如果最先回答的被试者给出了正确答案，另一位被试者就不会选择假被试者回答的错误答案，从众率降至10%。

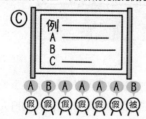

让一名假被试者给出正确答案，则从众率为 5.5%

当有一名假被试者给出了正确答案，从众率会变为5.5%。

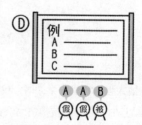

减少参加人数，从众率为 13%

在仅有两名假被试者的情况下，从众率为13%。在有三名以上的假被试者时，从众率升至30%以上。之后，即使增加假被试者的人数，从众率也几乎不发生变化。

任何人都有可能被"群体思维"及"从众压力"牵着鼻子走。"不对就是不对！"在群体中能够像这样坚持自我是十分困难的。如果你遇到了这样的情况，最重要的是要做到毫不动摇地坚持自己的主张。即使自己是少数派，如果身边有支持者，就征求他们的意见并进行总结，这是十分重要的。在推翻多数派的主张时，如果能够以理服人、论据充分，就更好了。

日本是从众压力较大的国家

"大家都这么做"就是正义

PTA*是连接学校和孩子们的重要组织。现存的课题是，有些PTA欠缺对每个家庭不同情况的考量。"大家都这么做，所以应该平等负担"这样的想法正是从众压力的反面案例。

* PTA是Parent-Teacher Association的简称，是由各学校组织家长与教职员工组成的社会教育关系团体，旨在提高家长与教师素养，保护学生健康成长。——译者注

容易认同大众媒体及网络上的观点并发生从众行为

与周围的人的观点，特别是与大众媒体和网络上的观点保持同步，一起攻击发生丑闻的个人、企业和政客，这在日本是常见现象。出于从众压力带给人的"正义感"，人们会变得更具攻击性。

不可思议的心理

13

过度放松反而不好

在重要的场合，人们都不希望身体或精神紧张。但是，过度放松不是办法。

在参加面试或进行演讲等重要事项时，人们往往会变得极其紧张，有时大脑一片空白，说话语无伦次。想必这样的体验谁都有过吧。一个人越想在别人面前展示自己，越会感受到压力和紧张。但是，紧张并非全都不好。要想做好一件事，产生适度的紧张感反而更好。

紧张和动力都是零

耶基斯-多德森定律表明，奖励和惩罚对参与者同样具有提升动机和效率的作用。如果奖励和惩罚都不存在，参与者就不会感到紧张，效率就会下降。

心理学家罗伯特·耶基斯和约翰·迪灵汉·多德森在用小白鼠做的实验中发现，过度放松或过度紧张都会导致表现水平下降，这就是耶基斯-多德森定律。当感到压力过大和紧张过度时，人们无法正常发挥实力，反之则失去动力。此外，如果在做熟悉的事情时感到紧张或在做不熟悉的事情时感到不紧张，就会发挥得更好。

适度紧张可将动机最大化

适当的刺激可以提高参与者的参与欲望，并将其表现水平最大化提升。

过度紧张导致动机下降

如果过度奖惩造成参与者极度紧张，其表现水平就会下降。

不可思议的心理

第一印象有多重要?

14

我们都很在意初次见面的人对自己的印象。第一印象的 90%
来自外表，这是真的吗?

不论是在商务场合还是在其他人际交往中，要想让对方对你留下良好的印象，第一次见面时给对方留下的印象就显得非常重要。这是因为，谈话内容固然重要，但对方会基于第一次见面时留下的印象和接收的信息对你做评价，并且这种印象在日后依旧影响深远。这种心理现象被称为"首因效应"。

阿希的首因效应实验

知性的
勤勉的
冲动的
批判的
顽固的
嫉妒心强的

这里罗列了某人的特征，你对他的印象如何?

嫉妒心强的
顽固的
批判的
冲动的
勤勉的
知性的

这里罗列了某人的特征，你对他的印象如何?

有学识，只是有时有些固执，应该是个有才华的人。

一个奸猾、令人讨厌的人。

只是特征的排列顺序不同而已

心理学家阿希做了一个实验，他让两组人分别看排列顺序完全相反的某个人的特征，并询问他们对该人的印象。结果发现，他们对该人的印象明显就是根据其最前面的特征形成的。

见面时，即使不穿昂贵的西装，也应穿着干净合身的服装，并礼貌地寒暄、交换名片等，这些都是最基本的做法。这些做法会给对方留下超乎想象的印象。如果给对方留下的第一印象很糟糕，日后要想改变对方的看法就十分困难了。即使日后有机会给对方留下好印象，也很难让对方改变之前留下的第一印象。

第一印象的重要性

保持清爽的发型，并做好造型

一定要保持笑容

没必要赶时髦，但请务必牢记"TPO*"

*TPO 是英语单词 Time（时间）、Place（地点）、Occasion（场合）的首字母组合，意为应根据时间、地点、场合来区分行为方式、态度，以及穿着等。——译者注

务必修剪好指甲

破烂的鞋子是印象不好的症结

小贴士
梅拉宾法则

心理学家梅拉宾对取得第一印象的各种因素进行了研究，并得出结论：一个人对他人的印象，"语言信息"（谈话的内容）占 7%，"听觉信息"（语气等）占 38%，"视觉信息"（肢体语言）占 55%。

注意留下良好的印象

第一印象深刻地影响着日后的工作，所以请最大限度地留意自己的形象。请注意，比起令对方印象深刻，给对方留下好感更加有效。

不可思议的心理

15

结尾好，一切都好

在一次性获得大量信息时，人们会重视最后的信息。

与前文讲到的"首因效应"相反，还存在着"近因效应"这种心理现象，即人们会将自己从感兴趣的对象那里最后接收到的信息看得特别重要，并留下深刻印象。比如说，你和对象约会结束时，你的态度和表情会给对方留下深刻的印象。正如莎士比亚的剧作《皆大欢喜》中的一句名言："结尾好，一切都好。"（All's well that ends well.）

安德森的实验

①律师的两份证词

②检察官的两份证词

③律师的两份证词

26

如果约会结束的时候，一方出现一脸的不悦，那么分别后另一方的心里一定不好受。反之，如果约会结束时双方都带着幸福的笑容离开，那么双方对这次约会的好感度会一下子提升。即使一方在工作上给他人带来了麻烦，只要他能向他人诚恳道歉、礼貌地示好并迅速离开，也会给对方留下一个坦率的印象。结合前文提到的首因效应，可以说开头和结尾都十分重要。

最后提出证词的一方有利

心理学家安德森以真实的犯罪事件进行了模拟审判实验。他分别给辩护律师和检察官准备了6份证词，每次向陪审员宣读2份。结果陪审员做出了对最后提供证词的检察官一方有利的判决。但是如果改变宣读证词的顺序，先由检察官宣读6份，然后由辩护律师宣读6份，那么判决的结果会偏向辩护律师一方。从这个实验可知，在重要信息较多的情况下，人们往往容易根据最后接收的信息来做出判断。

④检察官的两份证词

⑤律师的两份证词

⑥检察官的两份证词

异地恋真的很难吗？

不可思议的心理

16

异地恋是不是很难？

1932年，美国心理学家博萨德对5000对已经订婚的情侣进行了调查，他发现这些情侣几乎都住在彼此可以步行往来的区间内。也就是说，彼此之间物理距离越近，心理上的距离就越近，结婚的概率就越高。这被称为"博萨德法则"。

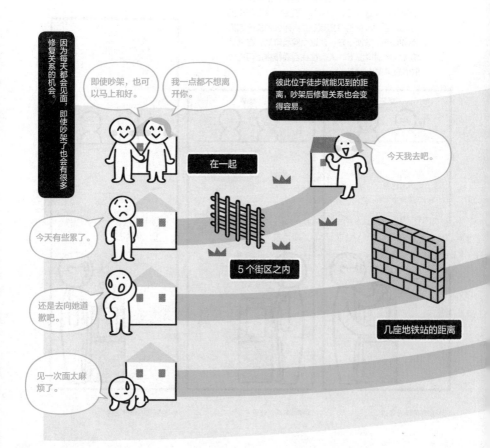

因为每天都会见面，即使吵架了也会有很多修复关系的机会。

即使吵架，也可以马上和好。

我一点都不想离开你。

彼此位于徒步就能见到的距离，吵架后修复关系也会变得容易。

在一起

今天我去吧。

今天有些累了。

5 个街区之内

还是去向她道歉吧。

几座地铁站的距离

见一次面太麻烦了。

反过来说，彼此之间物理距离越远，心理距离就会越远。根据博萨德法则，异地恋的困难之处是显而易见的。如果彼此居住地相隔很远并且见面困难，那么心与心的距离久而久之就会疏远，以致最终分手。所以，对于异地恋的情侣们来说，为维系恋情，有必要采取一些办法，如使用能看见彼此的脸的网络视频工具等。

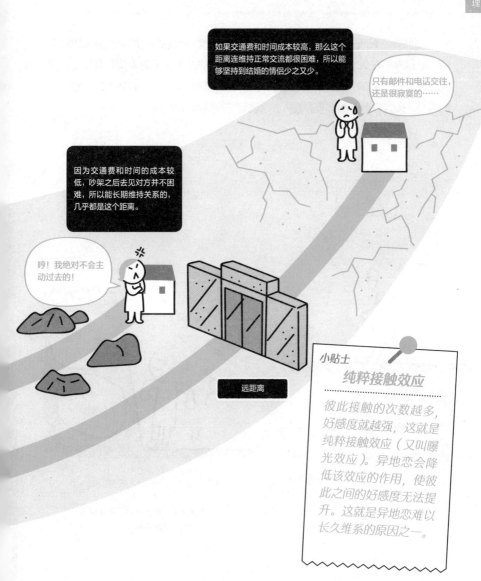

如果交通费和时间成本较高，那么这个距离连维持正常交流都很困难，所以能够坚持到结婚的情侣少之又少。

只有邮件和电话交往，还是很寂寞的……

因为交通费和时间的成本较低，吵架之后去见对方并不困难，所以能长期维持关系的，几乎都是这个距离。

哼！我绝对不会主动过去的！

远距离

小贴士

纯粹接触效应

彼此接触的次数越多，好感度就越强，这就是纯粹接触效应（又叫曝光效应）。异地恋会降低该效应的作用，使彼此之间的好感度无法提升。这就是异地恋难以长久维系的原因之一。

不可思议的心理

17

失恋时，难以抵抗善意

为什么人们在失恋时会对安慰自己的人产生好感呢？

　　虽然并不是所有的人在因失恋而意志消沉时会与安慰自己的异性陷入新的恋情，但是人们在失恋时与安慰自己的异性陷入新的恋情这类的事情时有发生。在失恋或失败的时候，人们的心里会充斥着负面情绪。这时，人们会认为安慰自己的人是"恢复自尊心的必要存在"。这就是"善意的自尊理论"。

工作顺利，还有恋人相伴，人生真美好！

啊！

工作失败……

恋爱失败……

自尊心较强

如果人生达到了与自己的愿望相近的状态，你就会接受自己，成为一个善待他人的人。

一定会到来的人生危机

人生不是一帆风顺的，往往会因失败或失恋而受挫。

不仅仅是失恋，还有在遭受工作失败或考试失败时，谁都有可能就此否定自我的存在价值。这时，如果身边有人善意地安慰他们，他们就很容易恢复自尊心和自我评价。自我评价降低的时候，即使安慰来自以前自己不怎么看得上的人，也极易让人动摇信念。因此，当遇到自己心仪之人失恋时，对他展开追求就是取得成功的绝佳时机。

才不是那样，你真的很好。

呜呜，反正像我这样的人……

自尊心降低

人受挫败的时候，自尊心会暂时降低。

喂，有空的话，下次一起去吃饭啊?

当然可以，我很乐意!

安慰自己的人 = 需要的人

人会认为，帮助自己提高自尊心的人是自己需要的人。

瞧你，别哭了。

谢谢……

对安慰自己的人抱有好感

自尊心低下时，人容易对善待自己、鼓励自己的人抱有好感。

工作动力取决于四种需要

不可思议的心理

18

实际上，提升工作动力取决于四种需要。

驱使人类工作的主要动机可归纳为"成就""亲和""权力""回避"四种需要，这来自美国心理学家麦克莱兰提出的"需要理论"。根据该理论，这四种需要能够左右人们的工作动力。它们的作用因人而异，不仅限于工作，人类的其他行为也会受到其中某种需要的驱使。

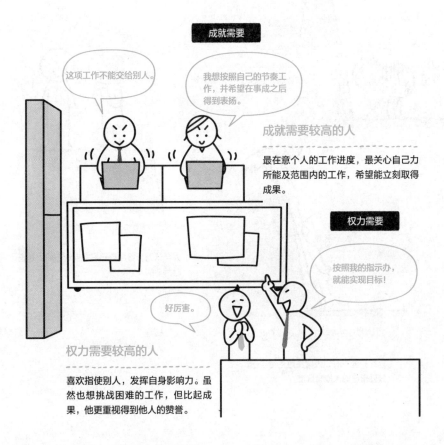

简单来说，成就需要是指比起获得工作报酬，更渴望做成某件事。亲和需要是指通过建立友好、亲密的人际关系来获得他人的好感。权力需要是指希望影响他人或控制他人。回避需要是指想避免失败和麻烦。根据以上观点，你应该清楚地知道，自己是基于哪种需要来展开工作或采取行动的。

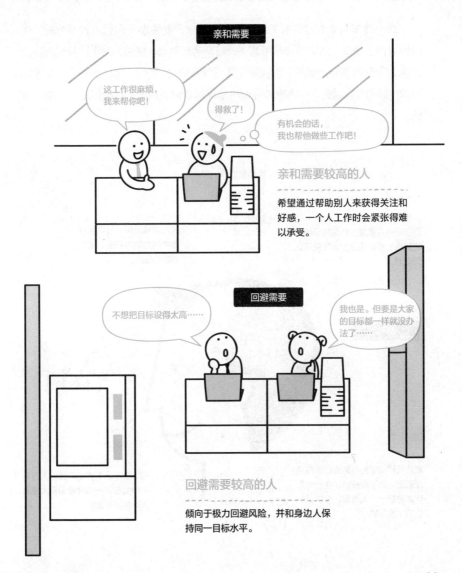

亲和需要

这工作很麻烦，我来帮你吧！

得救了！

有机会的话，我也帮他做些工作吧！

亲和需要较高的人

希望通过帮助别人来获得关注和好感，一个人工作时会紧张得难以承受。

回避需要

不想把目标设得太高……

我也是。但要是大家的目标都一样就没办法了……

回避需要较高的人

倾向于极力回避风险，并和身边人保持同一目标水平。

不可思议的心理

19

女性遇到烦恼时的倾诉，并非寻求解决方案

希望别人体会自己的苦衷，但别人总是无法体会。男女产生分歧的原因在于大脑。

想必许多男士有过这样的经历：当女友或者女性朋友向你诉说烦恼时，你给她提出了建议，结果她非常不高兴，甚至动起怒来。据说，出现这种现象是由于男女大脑的差异造成的。男性在交流时寻求的是"意义"和"目的"，女性则寻求"共鸣"。因而，男性冷静地提出建议以求解决问题，这反而是不可取的做法。

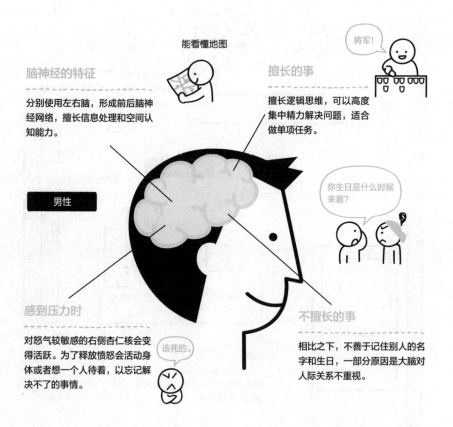

能看懂地图

将军!

脑神经的特征

分别使用左右脑，形成前后脑神经网络，擅长信息处理和空间认知能力。

擅长的事

擅长逻辑思维，可以高度集中精力解决问题，适合做单项任务。

你生日是什么时候来着？

男性

感到压力时

对怒气较敏感的右侧杏仁核会变得活跃。为了释放愤怒会活动身体或者想一个人待着，以忘记解决不了的事情。

该死的。

不擅长的事

相比之下，不善于记住别人的名字和生日，一部分原因是大脑对人际关系不重视。

当女性在倾诉烦恼或抱怨时，男性应该做的不是提出建议或得出结论，而应该表现出对女性的痛苦和悲伤产生共鸣，一边附和着"我理解你""那真的不容易"，一边继续倾听。这就够了。女性向男性倾诉烦恼或抱怨时，从一开始就没有寻求解决方案。这时，不打断她的话，认真倾听比什么都重要。不仅仅是烦恼和抱怨，女性在其他方面的倾诉，男性也应当做到认真倾听。

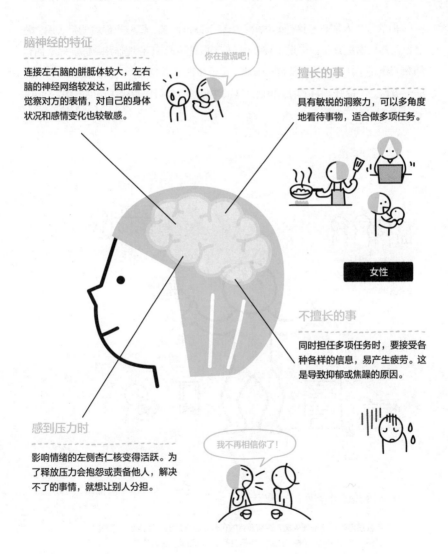

脑神经的特征

连接左右脑的胼胝体较大，左右脑的神经网络较发达，因此擅长觉察对方的表情，对自己的身体状况和感情变化也较敏感。

你在撒谎吧！

擅长的事

具有敏锐的洞察力，可以多角度地看待事物，适合做多项任务。

女性

不擅长的事

同时担任多项任务时，要接受各种各样的信息，易产生疲劳。这是导致抑郁或焦躁的原因。

感到压力时

影响情绪的左侧杏仁核变得活跃。为了释放压力会抱怨或责备他人，解决不了的事情，就想让别人分担。

我不再相信你了！

想拥有昂贵的手表

不可思议的心理
20

那些让自己看上去更好的物品，实际上也在提升自我。

　　相信每个人都有过这样的体验：当穿上高价西装、佩戴上昂贵的手表后，感觉自己的档次提升了。这是一种被称为"自我扩张"的心理作用，即自己所拥有的东西也是"自我"的一部分。因此，只要穿戴上高级衣物，我们就会认为自身的价值得到了提升。为了增加自信，这或许也是一种可以积极采用的方法。

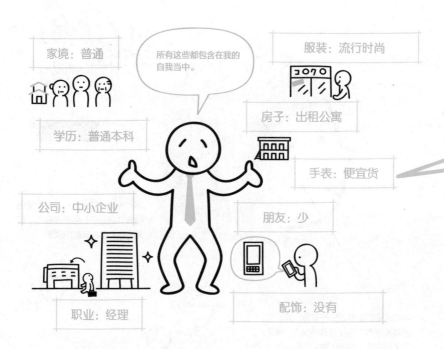

社会身份也参与自我建构

自我虽然存在于心理层面，但所拥有的东西、自身经历、社会地位等外部条件也参与自我的建构。如果一切都很寒酸，就容易产生自卑感。

　　充满自信十分重要，但仍有许多人认为这很困难。"自我扩张"是可以轻易提高自信的方法之一。比如，朋友是知名人士，自己为他感到骄傲。这也可以说是自我扩张的一种表现。昂贵的手表、衣服、汽车等物品，原本不属于"自我"，但如果我们拥有并使用它们就可以增强自信，无论面对什么，我们都会变得更加乐观。

利用自我扩张变得积极

想克服自卑感，不妨拥有一件可以在他人面前炫耀的东西。这样一来，自己就会充满自豪感，并积极地看待问题。这就是自我扩张。

不可思议的心理

21

高学历能让人看起来帅气

你是否仅仅因为某人拥有高学历，就觉得他是理想型的人？

与首因效应一样，晕轮效应也可以极大地左右一个人对他人的印象，即对他人的印象和评价会随着某一因素而发生很大的改变。比如，如果对方毕业于名牌大学，我们就会下意识地对他的外貌、能力等方面给予很高的评价。高学历的人之所以看起来比他实际上更加帅气，就是源于人的这种心理。

积极的晕轮效应

> 那个人据说是在国外长大的，虽然他不是我喜欢的类型，不过很帅。

> 我喜欢那种高颜值。

哈佛大学毕业

学历高，看着更帅气

由于某方面的表现突出，造成对其他方面印象的提升。这就是积极的晕轮效应。

消极的晕轮效应

> 我没听说过那人上的大学。

> 长相也有点让人失望呢。

不知名大学毕业

学历平平，长相也就平平

相反地，某个负面的印象特征会降低整体印象。这就是消极的晕轮效应。

当一个人具有某种优点或缺点时，人们对他的整体评价就会因此而上升或下降，这就是晕轮效应。为了积极利用晕轮效应，可在名片上写上自己的头衔、取得的资格及迄今为止的工作业绩等信息。这样做，就有可能给他人留下"这个人很有能力"的印象。

招聘应届生只招名校毕业生的企业

东京大学　京都大学　早稻田大学　庆应大学　美国哈佛大学　英国剑桥大学

积极的晕轮效应案例

拥有高学历却没做出成绩的人有很多。商务人士的能力与学历原本并没有什么关系。然而，人们还是会抱有"名校毕业的人进入社会也同样优秀"的印象。

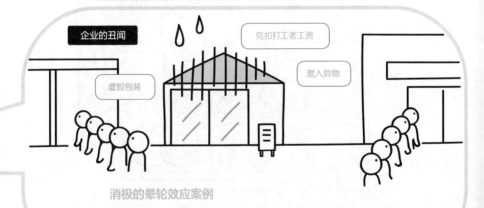

企业的丑闻

克扣打工者工资

虚假包装

混入异物

消极的晕轮效应案例

如果很受欢迎的餐厅闹出了人尽皆知的丑闻，一下子名声扫地，人们很可能就会联想餐厅的其他方面是不是也出了什么问题。这就是消极的晕轮效应的作用。

不可思议的心理

在意排名

在意自己的成绩或排名，是因为想获得安心。

　　无论是在公司里取得工作业绩，还是在班级内取得名次，很多人非常在意自己在群体中所处的位置。人们大都拥有一种欲望，就是与周围的人进行比较，并判断自己在群体中所处的位置。根据这种现象总结的理论被称作"社会比较理论"。人们通过与他人进行比较来确认自己的位置，并依此做出判断和采取相应的行动。

比较可以获得安心

我想吃的面包排在第1名，这个果然很好吃呢。

我喜欢的面包居然不在榜单上，不懂得它的美味的人真是不幸……

暂时先把前三名的面包都买了吧。

第2名　第5名　第1名　第3名　第4名

与他人进行比较，是与生俱来的欲望

人们总是喜欢与他人进行比较，以此来判断自己的意见是否正确，自己的能力是优是劣等。通过比较，人们希望自己模棱两可的判断也能接近事实。排名是判断自己的意见或取向被周围的人接受的程度的指标。

40

比如，当看到自己选择的商品登上畅销榜时，自己就会感到安心，这就是社会比较理论的一个例子。这是因为人们安心于"做出与大家同样的选择"。日本人在很长一段时间内认为，日本九成以上的人属于中产阶级，既不是大富豪，也不是极端贫困人口，并为此而感到安心。然而，近年随着贫富差距加大的社会现象出现，人们越来越难感到安心了。

向上比较和向下比较

与优秀群体进行向上比较

与比自己优秀的人进行比较可以产生羡慕之情，并通过寻找共同点来努力接近对方。向上比较可以促使人们获得更高的成就。

再努力一点我也可以站在那儿了。

优秀

普通

我还算是不错的呢。

不及格

与不如自己的群体进行向下比较

通过与不如自己的群体比较可以获得安心。特别是那些遭遇了重病等不幸的人，更倾向于向下比较。

不可思议的心理
23

一听说是王室御用品，
就产生想拥有的欲望

心情愉悦地谈话、认为某件物品拥有较高的价值，都与前后脉络有着重要的关联。

人们都知道，商品的价值不只是限于其本身。现如今，各种媒体上都充斥着千奇百怪的广告。我们也很容易理解，如何展示、宣传商品的价值是非常重要的。在市场营销领域，为了让消费者能够强烈地感知商品的价值，营销者所采用的技巧之一就是"脉络效应"。

愉快的谈话之后较容易答应请求

请允许我问一些关于你的朋友的问题。

可以。

我可以再问一些其他的问题吗？

当然可以。

请允许我问一些关于你的同事的问题。

可以。

我可以再问一些其他的问题吗？

不好意思，我有点急事。

爽快答应的比例为 52%

爽快答应的比例只有 18%

谈话情境可以改变印象

在一项观察受访者是否接受追加问题的实验中，心理学家菲茨西蒙斯证实受访者在谈论与友人相关的话题时，其接受追加问题的比例要大于谈论公司同事的比例。这是因为受访者根据前后脉络对追加问题的感受发生了变化。

有来历价值就高

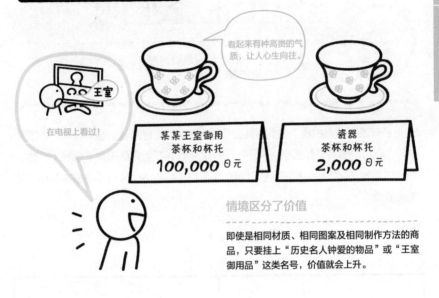

看起来有种高贵的气质，让人心生向往。

在电视上看过！

王室

某某王室御用
茶杯和杯托
100,000 日元

瓷器
茶杯和杯托
2,000 日元

情境区分了价值

即使是相同材质、相同图案及相同制作方法的商品，只要挂上"历史名人钟爱的物品"或"王室御用品"这类名号，价值就会上升。

根据情境读成数字或者字母

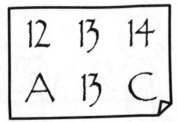

前后联系不同，表示的意思也不同

即使是相同的语言，相同的文字，如果前后联系不同，其意思也会发生改变。如左图所示，13和B的形状完全相同，但由于一个处在数字中，一个处在字母中，我们很自然地就会按其前后脉络来区别理解。

　　如果围绕某个商品的信息（脉络）不同，人们对于该商品价值的感知就会不同。比如，蛋糕店里有一款美味点心，会因打着"畅销品"或"某某王室钟爱品"的促销广告而产生不同的吸引力。这就是脉络效应。注重商品的历史性和权威性并进行宣传，会让商品的价值看起来更高。

挖苦总是让人心生不快

不可思议的心理

不管过了多久，一想起曾经遭受的挖苦，就会心生不快，这是源于某种心理效应。

　　一旦遭到他人挖苦，很多人就会难以忘却，只要想起就会辗转反侧，心浮气躁："那句话到底是什么意思啊……"为这样的事而感到焦虑并不是好事，你越想找到答案，那些挖苦自己的话就越会深深刻在心里。这种心理现象被称作"自我说服效应"。

对于挖苦的话不要想得太多

过度思考他人挖苦自己的话的意思，就会因"自我说服效应"而受到更深的伤害，让自己压力倍增。请看淡一些，立刻忘掉挖苦的话吧！

反之，你不去多想那些他人挖苦的话，就不会在心里留下什么印记。或者，更好的应对方法是，你立即反问对方："那句话是什么意思？"对方被反问之后，就会感到困扰，不得不做出解释。这样一来，对方就觉得挖苦你是一件麻烦事，此后，很可能就不再挖苦你了。

自我说服效应的应用：需求－效益问题*

通过提问，使顾客认识到商品的优点

对于那些犹犹豫豫、距离购买商品只有一步之遥的顾客来说，如果销售人员提出需求－效益问题，就会十分有效。提问会促使顾客思考自己还不能解决的问题，以及如何通过被推销的商品来解决这一问题。由于自我说服效应，顾客会强烈地认识到被推销的商品的优点，从而提高购买欲望。

* 需求－效益问题是指营销过程中针对解决方案的价值、重要性和有效性的问题。——译者注

不可思议的心理
25

不可思议地觉得自己什么都能做到

来自他人的信任和期待，会让人觉得自己无所不能。

要想取得成就，当然需要相应的能力和付出努力。然而，有时候"毫无根据的自信"也会取得意想不到的效果。

美国心理学家班杜拉将"无论在什么情况下，自己都能取得成果"这种对自己能力的自信程度称作"自我效能感"。实际上，成功人士大多具有较高的自我效能感。

提高自我效能感的四种方法

① 成就体验

上次得了 90 分，这次的目标也是考高分！

成功是获得自信的万能法宝

只要自己取得过一次成就，就会产生强烈的自我效能感。即使是一次很小的成就体验，也关乎自信。从此，我们会更加相信自己"做得到"，而不是担心"做不到"。

② 替代经验

向前辈学习

看到他人取得成功，如果我们掌握了他人的成功经验，就会认为"自己也能做到"。特别是看到那些与自己能力相仿的人取得成功，就更能提高我们的自我效能感。

前辈那么努力……好，我也要加油！

③ 语言说服

没关系，迄今为止你都这么努力，一定能通过考试的！

嗯！

语言的力量很强大

他人的鼓励也可以提高自我效能感。如果能说出具体理由，自我效能感就会更加强烈。此外，不只是来自他人的鼓励，自己反复劝说自己"我能行！"也是有效果的。

④ 生理情绪高涨

我一定能考上！

暂时性的无敌感

人们通过酒精或药物产生兴奋感，也能产生自我效能感。不过，这种感觉是暂时性的。当酒劲或药效过去之后，人们反而会陷入深深的无力感。

他喝酒了！

为了完成某件事而采取行动时，人们的"结果期待"（采取某种行动，预期可以得到某种结果）和"效能期待"（为得到某种结果，相信自己能够采取合适的行动）缺一不可。自我效能感体现了"效能期待"的强度。自我效能感越强的人，行为的动机越强烈，也就越容易取得成就。也就是说，对自己"能做到"深信不疑，也是有用的。

26

在黑暗处易吐露真心

在黑暗的地方，人的戒备心降低，易表露出真实的欲望。

美国心理学家格根曾做过这样一个实验。他将互不相识的男女每6人分成一组，每组人分别置身于明亮的房间和黑暗的房间。结果，在明亮的房间里的人，他们的交谈仅限于一些无关痛痒的客套话；在黑暗的房间里的人，虽然他们的交谈次数不多，但交谈话题更加私人化，并且交谈的男女之间的距离越来越近，甚至部分人还有了直接的身体接触。

如果房间较明亮……

你有正在交往的人吗？

没有……

我的爱好是骑车。

很健康呀！

难以敞开心胸

实验中，在明亮房间里的男女自始至终都在谈论一些无关痛痒的话题。彼此保持一定的距离，无法放下戒备心。

在黑暗的地方，大多数人会产生不安感，所以会下意识地想靠近他人。黑暗会降低人们的自制力和道德感，促使人们敞开心胸。因此，比起较明亮的地方，黑暗更容易使人表露真心和欲望。这种心理现象被称作"黑暗效应"。如果你想加深与意中人的感情，请选择在灯光昏暗且有氛围的场所约会，这会十分有效。

如果房间较昏暗……

敞开心胸，甚至会进行身体接触

在黑暗的房间里，谈话变得更加私人化，甚至有人会进行身体接触。这是由于黑暗使得人们难以识别他人外貌上的缺点，心胸变得开阔。

要提防送上热吻的男性

不可思议的心理

27

虽然男友浪漫又迷人，但是他也会设置意想不到的陷阱……

　　英国心理学家马克里安认为，喜爱热吻的男性婚后容易任性且以自我为中心。那些身体接触较为强烈的男性，并非对情侣的爱意强烈，而只是单纯地忠实于自己的性欲罢了。这样的男性对情侣缺乏体贴，很大概率上是一个以自我为中心的任性之人。

结婚前……

我男友无论是做爱还是接吻都很有激情。❤

我爱你。

结婚后……

你听我的话就行了！

只不过是自私而已。

热吻只是忠实于性欲的表现

送上热吻，并不是向女性表达强烈的爱意。特别是那些让人猝不及防就激吻的男性，他们送上热吻，只不过是在忠实于自己的性欲罢了。许多这样的男性在婚后毫不掩饰自己的任性，奉行大男子主义。

那些婚后相处融洽的男性是怎样接吻的呢？马克里安认为，身体接触较温柔的男性性格沉稳，对情侣充满关爱，婚后很有可能成为一位稳重温柔的丈夫。现在正在阅读本书的朋友，如果你是女性，你的男友与你是怎样亲吻的呢？如果你是男性，不妨稍微重新考虑一下身体接触的幅度吧。

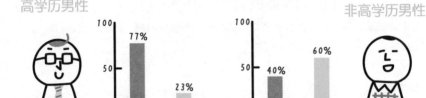

数据显示……

高学历男性   非高学历男性

	温柔亲吻派	激情深吻派
高学历男性	77%	23%
非高学历男性	40%	60%

通过亲吻，教你如何选择男性

在某项对男性学历和亲吻喜好的调查中，我们清晰地得知，学历越高的人越喜欢温柔地亲吻，而低学历的人倾向于深吻。女性即使很渴望得到亲吻，但选择那些在意女性感受的温柔男性才是明智之举。

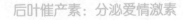

男性的大脑中……

后叶催产素：分泌爱情激素

什么是爱情激素

男性在亲吻时，脑内会分泌一种叫后叶催产素的爱情激素。后叶催产素能让人减轻压力，产生幸福感。反之，女性分泌后叶催产素是在发生牵手等身体接触或情绪上扬时。女性感觉到自己被情侣珍视，后叶催产素的分泌会自觉增加，从而容易接受对方的亲吻。

不可思议的心理

28

总是回答"还行"

被提问时总是回答"还行",这或许是因为一直缺乏自信。

心理学家坎贝尔博士做过一项性格测试,结果表明,在接受提问时,越缺乏自信的人,越不容易明确地回答"是"或者"不是",回答提问所用的时间也越长。这样的人往往担心明确表明自己的观点会受到指责。并且,这样的人对于反驳指责也缺乏自信,往往含糊其词。需要做出判断的时候,他们只会用"还行"来作答。

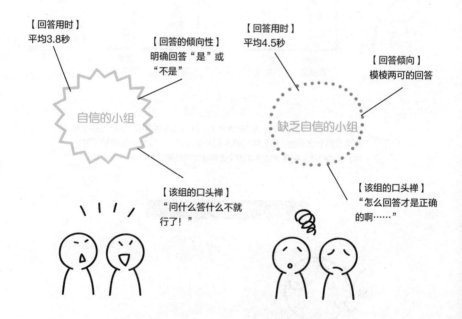

【回答用时】
平均3.8秒

【回答的倾向性】
明确回答"是"或
"不是"

【回答用时】
平均4.5秒

【回答倾向】
模棱两可的回答

自信的小组

缺乏自信的小组

【该组的口头禅】
"问什么答什么不就
行了!"

【该组的口头禅】
"怎么回答才是正确
的啊……"

缺乏自信的人的特征

当被问到"你怎么认为"时,缺乏自信的人一时会陷入思考,
回答总是慢半拍。也就是说,那些回答问题用时较长、话语含糊
不清的人,一般都缺乏自信。

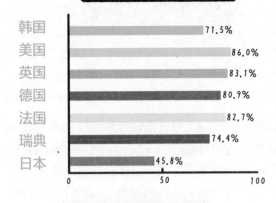

你会积极地看待自己吗？

韩国	71.5%
美国	86.0%
英国	83.1%
德国	80.9%
法国	82.7%
瑞典	74.4%
日本	45.8%

日本人缺乏自信

2013年，日本内阁以多国13~29岁年轻人为调查对象，展开关于"如何看待自己"的调查。结果显示，在日本，充满自信、积极看待自己的年轻人的比例明显较少。

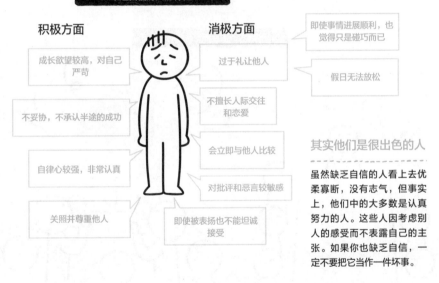

缺乏自信的人的特征

积极方面

消极方面

成长欲望较高，对自己严苛

不妥协，不承认半途的成功

自律心较强，非常认真

关照并尊重他人

过于礼让他人

不擅长人际交往和恋爱

会立即与他人比较

对批评和恶言较敏感

即使被表扬也不能坦诚接受

即使事情进展顺利，也觉得只是碰巧而已

假日无法放松

其实他们是很出色的人

虽然缺乏自信的人看上去优柔寡断，没有志气，但事实上，他们中的大多数是认真努力的人。这些人因考虑别人的感受而不表露自己的主张。如果你也缺乏自信，一定不要把它当作一件坏事。

多年前，日本一位著名的女演员参加见面会时，连续使用"没什么……"来回答问题，结果遭到了指责。"没什么"和"还行"一样，虽然都是含糊不清的表达，但是从心理学角度来看，经常将"没什么"挂在嘴边的人，容易对某件事情耿耿于怀，容易心生积怨。就如上面提到的女演员，只会说"没什么"，这样的表达若加上不悦的态度，就会成为众人指责的对象。

不可思议的心理

29

为什么会视而不见呢？

想帮助某人，但看到周围有人就退缩了，这是为什么呢？

1964年，美国纽约州发生了令人痛心的基蒂·吉诺维斯案件。基蒂·吉诺维斯在回公寓的路上遭到恶意袭击。虽然附近有部分居民听到了她的呼救声且目睹了她被害的过程，但无一人前去援救或者报警。最终，基蒂·吉诺维斯在遭到多次恶意袭击后丧失生命。心理学家基于此案件进行了研究，并提出了"旁观者效应"。由此，对助人行为的研究得到了积极发展。

旁观者一多反而谁也不行动

请问有什么意见吗？

场景

应该有人打119 了吧。

好大的火灾啊。

观察周围人的心理

旁观者较多，如果他人没有采取行动，自己就不会主动地采取行动，这就是旁观者效应。这是因为，人们认为谁都没采取行动是由于事态不紧急，这时自己只需与他人保持一致就可以避免承担责任。

小贴士

援助行为

指自发地做出给他人带来利益的行为。人有时会做一些利他行为。在心理学领域，针对该现象的原因，人们正在积极地展开研究。

关于援助行为，美国心理学家坎宁安曾经做过一个颇有趣味的实验。实验结果表明，人在遇到喜事、心情舒畅时，或者怀有罪恶感时，会主动去做好事或者帮助他人。这时，与什么事情都没有发生、精神状态"平常"的时候相比，人的积极性提高一倍。该实验表明，没有天生的好人或坏人，人之所以行善，是因为具备了行善的条件。

人在什么时候会采取援助行为呢？

实验 1　在电话亭里留下零钱……

在拾得零钱的被试者面前丢下资料，73%的被试者会帮着拾起。

如果没有零钱

顺便说一下，没有拾得零钱的被试者愿意帮助他人的比例为40%。因此我们得知，在逢喜事精神愉悦时，人们更愿意帮助他人。

实验 2　递给他相机……

在让被试者觉得自己弄坏了相机之后丢下资料，80%的被试者会帮着拾起。

罪恶感也能促发援助行为

实验表明，心情愉悦可以促进实施援助行为，罪恶感同样可以促进实施援助行为。

如何回答关于缺点的问题?

在推荐某物品的时候，如何描述其优缺点比较合适呢?

假如你从事销售工作，那么让你宣传商品的优点应该不是难事。至于如何巧妙地解释缺点，恐怕谁都会觉得很难。当你被问"这个有什么缺点"时，你能够恰当地加以解释，同时还能传达出商品的优点吗? 你会不会因没能很好地解释商品的缺点而导致被投诉呢?

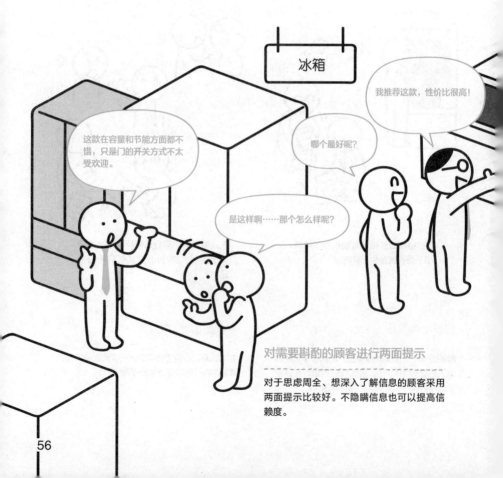

冰箱

我推荐这款，性价比很高!

这款在容量和节能方面都不错，只是门的开关方式不太受欢迎。

哪个最好呢?

是这样啊……那个怎么样呢?

对需要斟酌的顾客进行两面提示

对于思虑周全、想深入了解信息的顾客采用两面提示比较好。不隐瞒信息也可以提高信赖度。

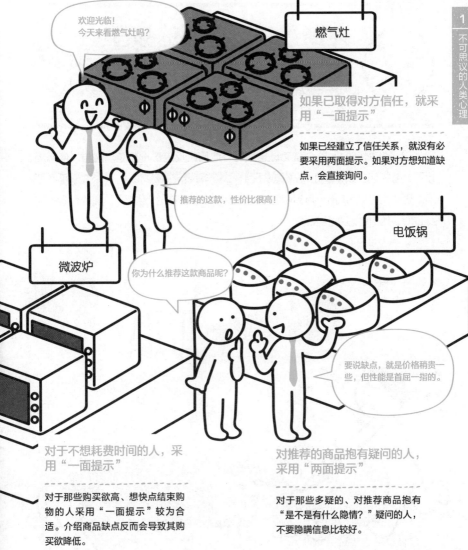

欢迎光临!
今天来看燃气灶吗?

燃气灶

如果已取得对方信任,就采用"一面提示"

如果已经建立了信任关系,就没有必要采用两面提示。如果对方想知道缺点,会直接询问。

推荐的这款,性价比很高!

电饭锅

微波炉

你为什么推荐这款商品呢?

要说缺点,就是价格稍贵一些,但性能是首屈一指的。

对于不想耗费时间的人,采用"一面提示"

对于那些购买欲高、想快点结束购物的人采用"一面提示"较为合适。介绍商品缺点反而会导致其购买欲降低。

对推荐的商品抱有疑问的人,采用"两面提示"

对于那些多疑的、对推荐商品抱有"是不是有什么隐情?"疑问的人,不要隐瞒信息比较好。

　　在进行商品介绍时,只强调优点被称作"一面提示",同时介绍优点和缺点被称作"两面提示"。如果采用一面提示,若事后顾客得知缺点可能会引起投诉。一般来说,两面提示更能获得顾客的理解和信赖。因为对商品的缺点也进行了详细介绍,所以顾客很可能会认为商品和介绍者本人都是值得信赖的。

31

迷路了也不会哭的孩子

从迷路的孩子的反应中可以看出，孩子存在很多问题。

　　孩子在拥挤的人群中与父母走散时，他们的反应形形色色。这与"依恋理论"关系密切。孩子在正常成长过程中，与养育者（父母等）的亲密关系是必要的。婴幼儿在出生后6个月到两岁之间，会对养育者产生"依恋"；当养育者不在身边时，他们会感到很难过。

对不起……

呜呜！妈妈！

你去哪里了？

稳定型

孩子在与母亲走散后会变得不安、哭泣或陷入沉默。再次见面后，孩子会立即寻求身体接触，焦虑也会瞬间消除。母亲起到了"安全基地"的作用。

养育者不在孩子身边或者孩子被带离时，针对孩子的反应，根据孩子的成长方式可以分为"稳定型""回避型""矛盾型""混乱型"四种。有六成孩子属于"稳定型"，他们与父母走散时会哭泣，与父母再见面时会高兴地抱在一起。而"混乱型"的孩子在走失时可能会毫无反应，也有可能会痛哭，与父母见面时甚至会动手打父母。在遭受父母虐待的孩子身上，这样的情形并不少见。

哎呀，你去哪里了？

妈妈你才是，为什么不见了？！

……

（抽泣）……

矛盾型

与母亲走散时，孩子表现出强烈的不安和错乱。与母亲再见面时，一方面他会强烈要求身体接触，另一方面也会对母亲进行言语上的指责和攻击。由于母亲在养育孩子的过程中总是反复无常，对孩子的管教也没有一贯性，所以无法发挥"安全基地"的作用。

混乱型

孩子表现出不安、面无表情，与母亲再见面时会将脸扭到一边，但也寻求身体接触。这种行为多发生在过去有过心理创伤或受到过虐待的孩子身上。

……

回避型

与母亲走散时，孩子一般表现为无动于衷、沉默寡言。与母亲再见面时，他也表现为漠不关心。这是由于父母没有发挥"安全基地"的作用，平时总是否定并强烈地约束孩子的行为。

不可思议的心理

什么是被讨厌的勇气？

为对方着想是件难事。阿德勒心理学给出了一个答案。

提倡个体心理学的心理学家阿德勒主张，每个人必须将自己和他人的课题分开考虑。他认为，不应该干涉别人的课题，只要专注于自己想做什么、怎么做就行了。为别人着想确实很重要，但是别人"如何看待你"，终究是别人的课题，并非你能控制的。

什么是课题分离

不学习就考不上好学校啊。

讨厌，我还想玩儿！

我的课题是帮助他们走上更好的人生之路。我不能强制他。

能否升入好学校，是孩子的课题，家长切勿越俎代庖，只需告诉他不学习的后果，让其发挥自主性。

可能为时已晚，我想去好学校……

那就得努力啦！我已经找到了不错的补习班。

请最大限度地支持当事人想做的事。如果最后成功了，他会信心倍增，就算因失败而追悔莫及，也会化作下次挑战的动力。

如果做不到课题分离……

这种对他人发号施令的行为就是不把对方当作独立个体看待，没有做到课题分离。

孩子如果遵照父母的命令却失败了，就会将矛头指向父母。他们无法认识到自己的事情是自己的课题，就会将责任转嫁给父母，这很可能会导致人际关系恶化。

　　如果你过于在意"对方怎么想"，很有可能就会出现判断失误、行动错误等情形。不用说，你的人生是你自己的。比起担心别人会怎么想、自己会不会"讨人嫌"，最重要的是自己的课题：自己要做什么，要怎样生活。不要过于在意别人的脸色，有时要有"被讨厌的勇气"，对你而言，这些都是为了自己。

为什么会患上心理疾病?

　　人们为什么会患上抑郁症、精神分裂症等心理疾病呢?虽说这与人际关系等社会压力有很大关系,但实际上我们并不知道明确的致病原因。

　　如今,我们对发病机制已经非常清楚了。大部分心理疾病是由于脑神经失调或神经传导物质的功能恶化造成的。因此,高兴或者不高兴等情绪、思考、想象无法顺利形成,人们会整日闷闷不乐,甚至变得易怒。大脑功能一旦失调,就不只是心理出现问题,身体也会出现问题。如果自身有所察觉,趁早接受专家的诊治就有可能早日康复。

CHAPTER

2

················

看穿他人的
心理

上司的类型

看穿心理
01

上司可以分成四种类型。你的上司属于哪种类型？

我们在前文探讨了与"挖苦人的上司"的相处方式。不管什么样的上司，与他们好好相处是很重要的。如果能看透自己上司的类型，在工作中也就能很好地应对。一般来说，根据领导能力的不同，可以将上司分为四种类型。社会心理学家三隅二不二运用"PM理论"对这些类型的划分进行了说明。

> P（performance）：完成绩效目标的能力，简称"P能力"；M（maintenance）：维护团队关系的能力，简称"M能力"。大写字母表示能力强，小写字母表示能力弱。

还差临门一脚！这件工作结束后我们举办庆功宴吧！

太好了，加油！

PM型：理想的上司

完成绩效目标的能力和维护团队关系的能力均衡的上司是最理想的。这样的上司可以促使部下发挥最高的效率、迅速成长，也能使团队合作顺利进行。如果是这样的上司，就毫不犹豫地追随他吧！

我会努力的。

你这个月的定额不达标！你究竟在干什么！

Pm型：工作狂

工作狂类型的上司，虽然在完成绩效目标方面能力强，但是在维护群体关系方面能力弱。这种类型的上司，往往能够提高部门的业绩，但是部下的离职率较高，而且部下之间会时常发生争执。如果是这样的上司，就不要和他闲聊工作以外的话题，只报告或商谈工作内容就行了。

PM理论是根据P能力和M能力的平衡程度，对上司进行分类。P能力是为了实现团队目标，M能力是为了维护团队稳定。P能力强、M能力弱的上司是工作狂；P能力和M能力平衡的上司是理想的上司；M能力强、P能力弱的上司更加重视维护团队关系，是"和平主义者"；P能力和M能力都偏弱的上司是"游手好闲"的不合格的上司。那么，你的上司是哪种类型呢？

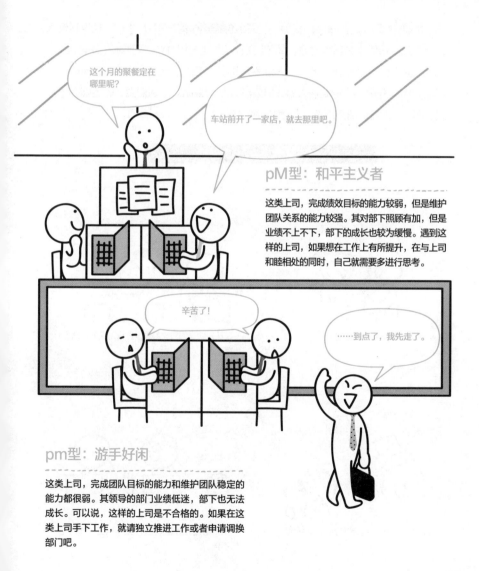

这个月的聚餐定在哪里呢？

车站前开了一家店，就去那里吧。

pM型：和平主义者

这类上司，完成绩效目标的能力较弱，但是维护团队关系的能力较强。其对部下照顾有加，但是业绩上不上下下，部下的成长也较为缓慢。遇到这样的上司，如果想在工作上有所提升，在与上司和睦相处的同时，自己就需要多进行思考。

辛苦了！

……到点了，我先走了。

pm型：游手好闲

这类上司，完成团队目标的能力和维护团队稳定的能力都很弱。其领导的部门业绩低迷，部下也无法成长。可以说，这样的上司是不合格的。如果在这类上司手下工作，就请独立推进工作或者申请调换部门吧。

事业有成人士的特征

一个人能否轻易取得事业上的成功，能否顺利建立幸福家庭，
通过四个问题便可得知。

事业有成人士，一般符合以下4种对人的态度中的3种及以上。①在得到他人帮助之后，希望立刻回报对方。②帮助别人后，如果没有从帮助对象那里得到回报，就会感到自己被利用了。③认为多人共事取得的报酬不应该平分，而应按照贡献大小来分配。④帮助别人后，如果没有收到帮助对象的谢意，心里就会不舒服。那么，你对人的态度符合其中几种呢？

心理测试：你符合几项呢？

○接受了帮助就立刻想回报对方。

○从帮助过的对象那里没有得到回报，就会心情不佳。

○认为工作报酬应该按照贡献大小来分配。

○从帮助过的对象那里没有收到谢意，就会心情不佳。

　　符合以上对人的态度中的3种及以上的人，属于重视"交换的人际关系"类型。这类人认为，自己或者他人的工作和贡献需要得到相应的回报。相反另一种类型的人不会因为向他人提供了帮助而向对方索取回报，他们更重视"合作的人际关系"。重视合作的人际关系的人，或许不能成为事业有成的人，但是他们能很好地协调恋爱关系。

符合 3 种及以上的人——重视交换的人际关系

在事业上容易取得成功的类型

重视交换的人际关系的人，有恩必报，并且为了追求与自己的贡献相符的回报会与他人建立双赢的关系。这类人在事业上比较容易成功。

符合 2 种及以下的人——重视合作的人际关系

家庭　　　无偿的爱

互相合作的关系

容易建立幸福家庭的类型

重视合作的人际关系的人，不太计较得失。虽然这类人有可能在事业上没有很大的成就，但在恋爱上较容易与伴侣建立幸福的家庭。

从姿势可以看出一个人的心扉

从一个人的举止，可以看出他对我们的亲密度。

男性常常在胸前交叉双臂，其实这也是一种心理表现。交叉双臂是紧张、戒备或者拒绝时的一种下意识表现。在商务会谈中，如果一方交叉双臂，或许就代表他对另一方不信任。除此之外，如果一个人做出握紧拳头、双腿并拢等被称作"闭合式姿势"的动作，就意味着这个人尚未敞开心扉。

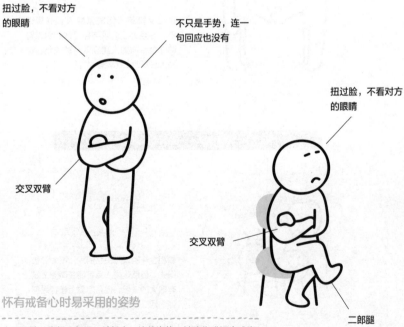

闭合式姿势

扭过脸，不看对方的眼睛

不只是手势，连一句回应也没有

扭过脸，不看对方的眼睛

交叉双臂

交叉双臂

二郎腿

怀有戒备心时易采用的姿势

交叉双臂，跷起二郎腿，脸扭向一边的姿势，被称作"闭合式姿势"。这是心怀戒备的表现。当一方采用这种姿势时，可以理解为另一方还没有得到他的信任。

相反，如果一方有双腿呈放松状态、双臂在桌上展开、不握拳等姿势——这样的姿势被称作"开放式姿势"，则表示他心情放松，愿意向对方敞开心扉、拉近彼此间的距离。想让对方敞开心扉时，我们也可以有意识地采取开放式姿势。

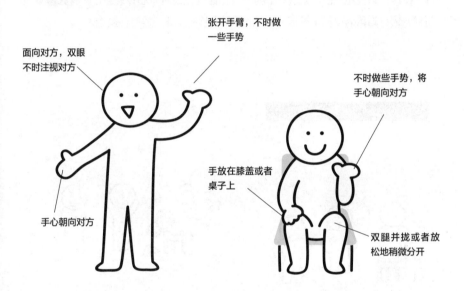

开放式姿势

面向对方，双眼不时注视对方

张开手臂，不时做一些手势

手心朝向对方

不时做些手势，将手心朝向对方

手放在膝盖或者桌子上

双腿并拢或者放松地稍微分开

信任时自然采取的姿势

开放式姿势是信任对方之后自然采取的姿势。为了取得对方的信任，当事人有时也会故意使用这一技巧。此外，开放式姿势也可以视作对方已经敞开心扉的标志。

读家心理
04

瞬间火冒三丈的人的心理

有些人会故意将对方的行为理解为"敌意"。

在马路上或电车里，因为身体碰撞等原因常会发生争吵、伤害，甚至杀人事件。在这些事件中，很多人会将偶然的身体碰撞视为对方心怀恶意。一些人容易将对方的行为认为是出于恶意或敌意，这种心理被称作"敌意归因偏差"。

敌意归因偏差研究

啊，你是故意的!

那家伙是故意的!

刚才也是没办法。

控制力不太好呀。

刚才太过专注于跑步了吧?

刚才是故意的吧!

关于儿童攻击性的调查

社会心理学家道奇曾对攻击性强的孩子和没有攻击性的孩子做过这样的调查：让孩子们观看自己堆叠的积木被推倒的情形。很显然，当遇到明显故意或偶然推倒积木时，两组孩子的反应没有太大区别。但是，在不好判断"故意"和"偶然"的情况下，攻击性较强的孩子会对推倒积木的孩子抱有敌意。

如何消除敌意归因偏差

从小开始矫正

敌意归因偏差是与生俱来的，它随着孩子长大、社会交往能力增强而逐渐减弱。每当孩子的攻击性增强，就应说服他，让他知道对方是毫无恶意的，时间一长就可以降低敌意归因偏差。

长大后也无法消除的情况

转念一想，他可能不是故意的

尝试等待 6 秒

当你对对方的行为感到愤怒时，请先想一下，对方的行为有可能是偶然发生的。这样一来，在大多数情况下就不会因陷入愤怒而不依不饶了。

只需 6 秒左右，人的愤怒就会越过峰值。只要忍过这段时间，基本上就不会爆发愤怒了。

　　即使对方确实没有恶意，敌意归因偏差较强的人也倾向于认为对方怀有敌意，并同样以敌意回应对方。因此，在周围人看来，这个人一定是个没事也会突然发火的人。敌意归因偏差过于强烈的人，有时会出现认知扭曲，以致犯罪的可能性很高。对于那些知道自己倾向于从负面理解他人言行的人来说，负面情绪强时，重要的事是做深呼吸，并改变想法，认为自己"或许只是思虑过度"。

性格会体现在体型上吗?

看穿心理
05

从三种体型了解性格,你属于哪一种呢?

　　德国精神科医生、心理学家克雷奇默在与众多精神病患者接触的过程中发现,人的性格在某种程度上与体型有关。**他根据体型将性格大致分为三类。**①矮胖型:环性(躁郁)气质——善于社交,但性情不稳定。②瘦长型:分裂气质——敏感,不善于社交,有时略显迟钝。③强壮型:黏着气质——认真有耐心,有时顽固不化。

克雷奇默的体型性格分类法

矮胖型:环性(躁郁)气质

瘦长型:分裂气质

强壮型:黏着气质

善于交际,但易情绪低落。

腼腆并有点神经质。

认真却顽固。

这个类型的人被认为易患双相情感障碍、躁郁症。该性格的人虽然善于人际交往、温和亲切、活泼且具幽默感,但也容易情绪低落,陷入抑郁状态并失去活力。

这个类型的人被认为易患精神分裂症。该性格的人不善于社交、内向,还有些死心眼,其中怪人较多,温顺,易被他人伤害。

这个类型的人被认为易患癫痫。该性格的人固执有条理、较执着,然而说话爱拐弯抹角,易兴奋,好怒。

按照克雷奇默气质论的说法，因为黏着气质的人爱好运动，所以肌肉发达。但近来克雷奇默的气质论受到了质疑，人们认为体型并不能决定性格，相反，由于性格不同，所以导致生活方式不同，从而塑造出了不同的体型。此外，还有一部分人将体型性格论解释为印象形成论，即它是由人们对体型的印象形成的。

谢尔顿的气质类型论

内胚叶型：内脏紧张型

谢尔顿认为，人的胚胎发育中的三个胚层塑造了人的气质。内胚叶较为发达的人内脏强健、体形丰满，好享受安乐且善于社交，相当于克雷奇默的"矮胖型"。

外胚叶型：头脑紧张型

该类型的人皮肤与神经系统发达，有时会神经过敏，并且体质较弱，易疲劳，体形多纤瘦。他们不善于社交，性格为非社交性的神经质，相当于克雷奇默的"瘦长型"。

中胚叶型：身体紧张型

该类型的人肌肉和骨骼发达，体格健壮，性格好动，爱冒险，不惧风险。为了抓住机会，他们有时攻击性会变强，相当于克雷奇默的"强壮型"。

地位高的人态度傲慢?

看穿心理

06

地位越高，态度越傲慢。你周围的掌权者是这样的吗?

　　有句话叫"稻穗越长越垂"，意思是说越富有、地位越高的人，越需要保持谦逊的心态。心理学家基普尼斯曾做过这样的实验，为提高一定的业绩，他让拥有能够解雇下属及调整下属工资的"强职权"管理者与只能下达最低限度指令的"弱职权"管理者同时指挥下属，并观察他们的不同表现。

基普尼斯的实验

> 成绩下降的人，工资也得降低!

> 你们能取得成绩，全靠我的指挥!

> 那个问题请这样处理。

> 下一项工作也请大家同样努力。

因被赋予职权而导致性格突变

在基普尼斯的实验中，拥有包括人事权在内的"强职权"上司与只能下达作业指示的"弱职权"上司，在对他人的态度上有明显的不同。参加这个实验担当管理者的是普通的大学生，担当下属的是普通的高中生。任何人都存在着成为掌权者的可能。

加林斯基实验

缺乏换位思考

美国西北大学的心理学家加林斯基让实验者讲述自己曾拥有权力的经历，然后让他们在额头上写下字母"E"。结果，实验者写下的字母"E"在自己的角度看是正向的，但他人看到的是左右相反的。这个结果告诉我们，掌权者缺乏换位思考。

格林菲尔德的调查

嗯，是有罪的吧！

对他人敷衍

斯坦福大学的心理学家格林菲尔德调查了1000多起判决，结果发现：权力越大的法官，讨论判决意见书上的细节和判决产生的影响会越少，对判决越敷衍。

　　实验结果表明："弱职权"管理者能够正确对待下属，并给予正当评价，下属对他们的评价较高；"强职权"管理者以高压的态度，利用降薪或解雇等来威吓下属，即使业绩上升了也不对下属的贡献做出评价，只强调自己指挥出色，下属对他们的评价较低。根据结果，基普尼斯将该现象称为"权力的坠落"。令人遗憾的是，地位越高的人，越态度傲慢。

关键词 >>> 配对假说

在意与恋爱对象是否相配

07 看穿心理

大多数情侣在外表、性格、经济水平等方面并没有很大差距。

　　每个男性都想和美丽的女性交往。对女性而言，我们也听说过女性理想的男性需要拥有"三高"——高个子、高收入、高学历。实际上，大多数人是与自己较相配的对象交往或步入婚姻殿堂的。"配对假说"可以解释这一现象，即人们总是倾向于选择与自己相配的人做伴侣。

外表之外的相配也可以

相配，首先来自外表。只是世上并非只有俊男配美女，或普通男配普通女。男女双方即使容貌上有明显差距，只要才能或财产相配，大多数情况下也能成为情侣。

76

当然也有这样的情况：有些男性长相平平，交往对象却是个让人怦然心动的大美女；有些高个子帅哥与极不相配的高龄女性结婚。出现这种情况，不相配一方往往具有较高的经济实力或知识水平。也就是说，这些人不在意外表，而是选择与特质上相配的人结合。如果想和有魅力的人交往，最重要的还是进行"自我修炼"。

相配的心理

那个人真是我喜欢的类型，不过若接近他，感觉会热脸贴上冷屁股。

那个长相一般的人，看起来比较靠谱！

首先，根据对方的外表来判断

在考虑异性能否作为恋爱对象、能否与其交往时，首先会从外表来判断。即使对方是自己喜欢的类型，但如果感到其外表远高于自己，就会考虑自己因担心被拒绝而变得畏首畏尾、不敢交往的情形。

其次，根据自我评价来决定对象

自我评价不仅限于外表，还包括能力、金钱等。只要拥有一种可以与对方的美貌相配的东西，就可以让对方成为恋爱对象；如果没有，就转向那些与自己更合适的人。

察言心理

08

咬笔的人较悲观？

人有各种各样的癖好，"咬笔"这一习惯似乎有消极的原因。

英国心理学家保罗·克莱因通过调查发现，有"咬笔"癖好的人的悲观倾向是没有"咬笔"癖好的人的两倍。据克莱因分析，那些闲得无聊或思考时不经意咬笔的人具有婴儿的行为，当嘴里没有东西时就会感到不安，就像婴儿爱吮吸手指一样。

不咬笔的人：乐天派

咬笔的人：悲观者

咬点东西才安心

克莱因通过调查，将咬笔这一癖好与性格联系起来：具有咬笔癖好的人常常内心不安，为了让心情平静，就不得不咬点什么，通过"咬"这一行为获得安全感。

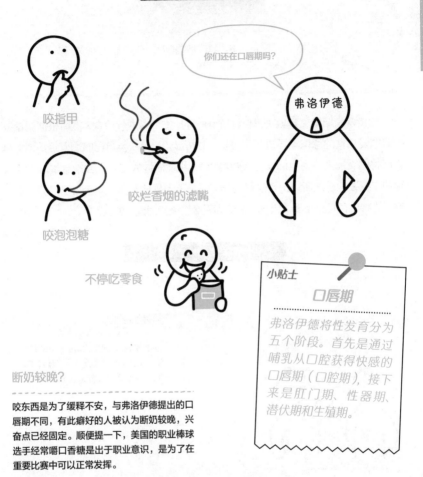

咬东西的人处于口唇期？

你们还在口唇期吗？

弗洛伊德

咬指甲

咬烂香烟的滤嘴

咬泡泡糖

不停吃零食

小贴士

口唇期

弗洛伊德将性发育分为五个阶段。首先是通过哺乳从口腔获得快感的口唇期（口腔期），接下来是肛门期、性器期、潜伏期和生殖期。

断奶较晚？

咬东西是为了缓释不安，与弗洛伊德提出的口唇期不同，有此癖好的人被认为断奶较晚，兴奋点已经固定。顺便提一下，美国的职业棒球选手经常嚼口香糖是出于职业意识，是为了在重要比赛中可以正常发挥。

　　不只是咬笔，咬指甲的人和吸烟的人同样被认为是婴儿性及不安的表现。除了爱咬东西外，总是神经质地摆弄衣服下摆的人也具有该倾向。随着悲观倾向减弱，咬笔或咬指甲的癖好也会逐渐消失。近年来，对于吸烟者的批判从有害健康发展到其婴儿性，因此他们越发觉得面上无光，几乎没有立足之地了。

交往过的真实人数是多少?

看穿心理
09

当被问及曾有过多少交往对象时，你会如实回答吗？
大多数人不会如实回答。

　　遗传学家斯佩克特曾对来自50个国家的1.6万人进行调查，然后根据调查数据对恋爱男女的意识差异进行了分析。分析显示，在谈及自己的恋爱经历时，男性回答的交往人数为实际交往人数的3倍，女性回答的交往人数则是实际交往人数的三分之一。之所以出现这样的结果，是因为男性倾向于展示自己具有"受欢迎"的特质，而女性不希望自己被认为是个"见异思迁"的人。

被问及交往人数时会撒谎

嗯，至今交往过的人数？
……3 个吧。

撒谎！只有1个吧！

斯佩克特

男性会多报

当被问及交往过的人数时，男性回答的人数是实际人数的3倍。就算不是3倍，也绝对比实际人数多。

我也是 3 个吧。

你交往过 9 个吧？

斯佩克特

女性会少报

与男性相反，女性回答的人数是实际人数的三分之一。就算没有少报那么多，也会尽可能减少数量。

　　男性的理想是一生与18位女性交往，而女性的理想是与5位男性交往。这与在谈及恋爱经历时多报或者少报的心理大致相同。实际上，世上的男女总数相差无几，理所当然地，现实中男女交往的人数也不会有太大区别。那么，你交往过几人呢？

女性少报的原因是……

找处女，留下我的遗传基因才安心。

你是我的第一次，不用担心。

男性有寻求处女的本能

男性为了确保自己的遗传基因被留下，本能地寻求处女。为了不让男性抱有厌恶感，女性会尽量展现自己的贞淑。

男性多报的原因是……

你们都是我的"亲爱的"！

女性有寻求优秀遗传基因的本能

女性有寻求优秀遗传基因的本能。优秀的判断标准不尽相同，其中一项就是其他女性是否也选择了这名男性。因此，男性倾向于展现自己是众多女性所追求的人、优秀基因的拥有者。

看穿心理 10

爱慕虚荣有规律可循

从对周围人目光的在意程度，可知一个人虚荣心的强弱。

无论是谁，都会通过与周围人的关系来确认自己所处的位置，只是不同的人在程度上有些许差别。大多数人基于这种判断做出自己认为合适的行动。心理学家斯奈德将这种现象称为“自我监控”。俗话说的“察言观色”，也可以说是自我监控及其相关行动的表现。

自我监控力不同体现在性格上

果然是B吧!
是A吧!
不是B吗?
正确答案是C!
不，是C吧!
我太笨了……

八面玲珑的人：高自我监控

这类人自我监控能力强，在意周围人的评价，好随波逐流。

固执的人：低自我监控

这类人自我监控能力差，不会察言观色。拥有较高决断力的低自我监控者，会被认为身上带有匠人气质。

小贴士

变色龙

自我监控的提出者——心理学家斯奈德称高自我监控的人为“变色龙”，并将他的著作命名为《变色龙性格——自我监控心理学》。日本人被认为是典型的变色龙，他们会根据周围的情况随机应变，调整交流的方式。

在伴侣选择上也有不同体现

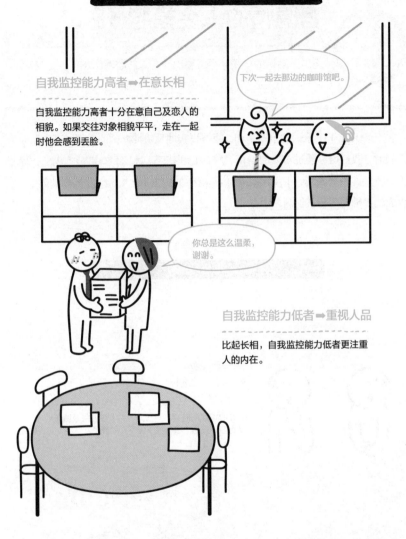

自我监控能力高者➡在意长相

自我监控能力高者十分在意自己及恋人的相貌。如果交往对象相貌平平，走在一起时他会感到丢脸。

下次一起去那边的咖啡馆吧。

你总是这么温柔，谢谢。

自我监控能力低者➡重视人品

比起长相，自我监控能力低者更注重人的内在。

　　自我监控能力强者更在意外表、职务、他人的看法。也就是说，这类人的虚荣心较强。在一项关于是选择"性格差的美女"还是选择"性格好但长相普通的女性"的调查中，自我监控能力强者在挑选恋人时更重视长相，十分在意仪表和他人的评价，所以选择了美女。相反，自我监控能力低者在挑选恋人时更重视性格，不在意他人的评价，所以选择了性格好的女性。

看穿心理

有隐情的人会摸脖子？

通过下意识的举动，可以看出一个人的心理状态。

一个人出于下意识做出的举动，能够真实地反映他此刻的心理状态。在商务洽谈时，我们可以通过对方的举止了解其心理状态。比如，如果对方浅坐在椅子上，那是紧张的表现；相反，如果对方深深地靠在椅子上，表明他感到安心，也可能代表他在轻视我们。

不安时易采取的"安抚行为"

那件事与我无关……

把手藏起来、
摸脖子：在撒谎

人在心情郁闷时会感到压力，为了改善血液循环获得些许安心，会去摸下巴下面的脖子。

那天你干什么了？！

不是，我工作有点忙……

摸头发、
摸额头：感到不快

人在焦虑并感到不快时，会不自觉地把手伸向额头。这是感到内疚、想转换话题的表现。

因撒谎而感到不安的人为了缓和紧张，会下意识地抚摸下巴下面的脖子、嘴角等部位，出现安抚行为。在商谈时，如果对方不停地摸脖子或嘴角，就可认为他涉嫌撒谎。此外，下意识地摸下巴是谨言慎行的表现。

嗯，好紧张……

眨眼频率增加、抚摸脸颊：感到紧张

这是人在紧张得心跳加速或焦躁时想平静下来的表现。除此之外，抚摸嘴唇、耳垂、头发也具有同样的含义。

呜呜，怎么办啊？

摩擦膝盖：感到不安

人在感到不安，又不太好表现出来的时候，会在桌子下面用手摩擦膝盖，试图以此平复心情。

唉！

频繁喝水、鼓腮叹气：备感压力

有些人在备感压力时或者在紧要关头过后，会鼓腮并缓缓地长吁一口气。

看穿心理

12

从坐下时腿的姿势来判断需求类型

跷二郎腿很能彰显个性。其实，从中能看出一个人的需求类型。

你在什么时候会跷二郎腿呢？至少，不会在商谈对象面前或者在紧张的时候跷二郎腿。一般来说，一个人在他人面前放松时，或者不看重他人时，或者想彰显自己地位高时，才会跷二郎腿。**从一个人坐下时腿的姿势可以看出其面对他人时的心理-社会需求。**

从坐下时腿的姿势判断个性

分开双腿：异性恋欲望强烈

将脚分开的人对性较为开放。该姿势与异性恋欲望的强烈程度有关。

将一只脚搭在另一膝盖上：自我表现欲强

这种姿势往往需要较大的空间，是一种想彰显地位的心理表现。该姿势与自我表现欲的强烈程度有关。

一般来说，将右腿放在上面跷二郎腿的人往往是缺乏自信、做事谨慎的类型。也就是说，这类人缺乏领导力。反之，将左腿放在上面跷二郎腿的人大多充满自信、胆识过人。另外，频繁交替着改变左右腿姿势的人易情绪激动、撒谎。不过，如果一方对另一方怀有善意，想邀请对方时，也会频繁交替着改变双腿姿势。

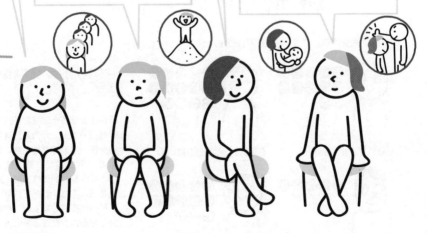

双腿并拢：秩序需求强烈

这类人一直被教育要保持正确姿势，他们坚信这种教育是正确的。该姿势与秩序需求的强烈程度有关。

小腿处交叉：养育需求强烈

这是能够包容万物的姿势。该姿势与养育需求的强烈程度有关。

双膝贴紧的八字形腿：成就需求强烈

这是能够立即展开行动的姿势，是一种能够主动应对各种事物的性格表现。该姿势与成就需求的强烈程度有关。

脚踝处交叉：屈辱或服从需求强烈

降低自我姿态，希望被责骂、被支配的需求表现。该姿势与屈辱或服从需求有关。

女性在在意之人面前会少食

看穿心理 13

你不觉得很多女性吃得少吗？其实，这是因交往对象而异的。

1990年，心理学家普里纳和切昆做过这样一个实验。他们先随机挑选实验参与者，然后将他们两人分为一组，让他们吃饼干，直到吃饱为止。当女性被分到的同组对象也为女性时，两人吃掉的饼干数量相差无几。然而，当同组对象为男性时，女性吃掉的饼干数量发生了变化。特别是当同组的男性富有魅力时，女性吃掉的饼干数量非常少。

普里纳和切昆的吃饼干实验

请大家和陌生人一起吃饼干，一直到吃饱为止。

知道啦。

在有魅力的女性面前
12块

在没有魅力的女性面前
14块

在有魅力的男性面前
5块

在没有魅力的男性面前
13块

在有魅力的男性面前会少食

与实验参与者一起吃饼干的对象有四种类型，分别为有魅力的女性、没有魅力的女性、有魅力的男性和没有魅力的男性。在有魅力的男性面前，女性明显地吃得少。而在对男性进行同样实验时却发现，男性会在有魅力的女性面前吃得最多。这是缘于男性试图展现男性魅力的心理作用。

为了让对方"像这样看待自己"，人们往往会刻意操控自己的行为，以给他人留下好的印象。这种行为被称为"自我呈现"。"在人前吃多少饼干"也是自我呈现的表现。面对有魅力的男性，女性认为"少吃更显得有女人味"，所以吃掉的饼干数量较少。反之，面对有魅力的女性，男性通过多吃来展现男性魅力。

自我呈现的种种表现

是谁把垃圾扔在这儿了？

你在干什么啊！

示范：希望自己被认为是具有模范价值的人

威吓：希望他人服从

奉承：希望被对方喜欢

唯，您真厉害啊！

辛苦了。

被安排了太多的工作，只睡了两个小时。

自我宣传：希望得到尊重

这个月好几个朋友结婚，钱不够了，拜托你借我点钱。

真没辙啊。

哀求：希望被认为是值得帮助的人

小贴士

战略性自我呈现

试图操控"他人如何看待自己"的行为被称作"自我呈现"。心理学家琼斯将自我呈现分为五种，并称其为"战略性自我呈现"或"主张性自我呈现"。

不由自主地注视在意之人的心理

看穿心理 14

不自觉地注视异性，说不定是对异性一见钟情了。

在美国，有人进行过一项电话调查，调查对象有1500人。调查结果显示，有60%的人相信一见钟情，在这些人中又有60%的人经历过一见钟情。此外，调查结果表明，一见钟情的夫妇离婚率极低。美国的离婚率高达50%，然而一见钟情的夫妇的离婚率只有15%。

一见钟情的三个理由

行李很重吧，我来帮你！

呀！这个人竟然这么善良……仔细看也挺帅。

啊！让人很安心的脸啊……

因错觉而坠入爱河

当对方的容貌、身体的某一特征，或者性格的某一方面非常接近自己的喜好时，人就会产生错觉，认为自己喜欢对方的一切，从而发生一见钟情。

因亲近感而坠入爱河

因容貌相似而产生亲近感，所以会瞬间坠入爱河。

嗨！你好呀！

这个气味让我心中如同小鹿乱撞。

因基因不同而坠入爱河

因想融合与自己不同的基因来繁衍强大的后代这一生物学的本能反应而坠入爱河。有部分研究数据显示，女性能够通过嗅觉来分辨对方遗传基因。

男性一见钟情需要多长时间？

学历越高，一见钟
情的比例越高。

平均 8.2 秒

心理学家马纳通过实验得知，男性会长时间注视自己喜欢的女性，平均为8.2秒。如果一名男性对一名女性注视达到了这一时长，可以说他已经爱意绵绵了。此外，也有数据表明，男性学历越高，一见钟情的比例越高。

男女的区别是什么？

仅从视线是无法判断女性的一见钟情的

与仅看女性的外表就爱意绵绵的男性不同，女性倾向于经过实际交往，并得知人品之后才萌生爱意。另外，面对过于帅气的男性，女性往往由于害羞而无法直视。所以仅从视线是无法判断女性是否一见钟情的。

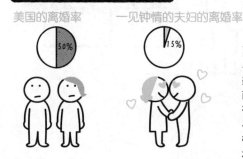

一见钟情的交往时间更长！

美国的离婚率　　一见钟情的夫妇的离婚率

50%　　15%

离婚率骤减

美国的一项调查结果显示，因一见钟情而交往的情侣中，最后迈向婚姻殿堂的有55%，而之后的离婚率约为15%。与"一见钟情不长久"的刻板印象恰恰相反，一见钟情的离婚率远远低于平均水平。

　　不由自主地注视在意的人……在这个时候，注视的人尚且不了解对方的内心世界。虽说在彼此了解之后有可能出现"果然不合适"的情况，但事实并非如此。因为仅凭直觉产生的好感出乎意料地持久。因一见钟情而结婚，此后不离不弃，这是多么美好的事情啊。关于该心理学机制，今后仍需进一步研究。

看穿心理

15

被夸奖也不开心的理由

一般人在得到夸奖时都会感到开心。然而有的人并非如此。
这是为什么呢?

缺乏自信的人"自我评价"较低。自我评价高的人无论做什么都积极主动,而自我评价低的人态度消极、容易后悔,遇到小小的挫折就会受到很大的打击。自我评价高的人喜欢那些给自己好评的人,自我评价低的人则倾向于喜欢那些贬低自己的人。这一现象被称为"认知相符"。

与自我评价相去甚远的话……

什么……

材料上没有错误,你真厉害啊!

那件事本来谁都能做的。

倒不如说,我是个只有这么点长处的无能之人。

深深地觉得,我就是个只会做这些无意义的工作的人。

被表扬也不开心

人的"认知相符"心理会使自己的认知尽可能接近他人的认知。当认知出现差异时,自己会感到不安或不快。对于自我评价低的人,斥责他们反而可能会给他们带来快乐。

　　自我评价低的人无法坦率地接受他人的褒奖，反而会对贬低自己、说自己坏话的人产生"这个人理解我"的想法，并感到安心。如果认识到自己有这种倾向，那么努力地从正面思考事物显得尤为重要。对于被他人说坏话甚至被谩骂就感到安心的人，其已被洗脑的可能性较高，需要引起注意。

认知平衡理论

我

喜欢　　　　　讨厌

无法保持平衡

棒球　　　喜欢　　　同学

无法忍受不平衡

心理学家海德提出这样一个理论：在对自己、他人、对象三者的关系进行正、负面评价时，将三者的关系相乘，若结果为正，则三者达到平衡状态；若显示为不平衡，相乘结果为负（本例中，"我"和"同学"都喜欢"棒球"，但"我"讨厌"同学"），那么为了达到平衡，人们会试图改变某一评价（同学不再喜欢棒球，或我喜欢上同样喜欢棒球的同学）。

认知不协调理论

吸烟

我想保持健康，但吸烟有害健康。

发生认知矛盾。

但是有害健康的事情不止这一个，戒烟无法缓解工作压力，还是没必要戒。

试图消除因矛盾产生的不快

当两个具有相关性的认知产生矛盾的时候，人会感到不快。为了消除不快，人会获取新的认知或者改变自己的行动（如本例中开始戒烟）。

坏事都是别人的责任

有些人喜欢把"好事归功于自己，坏事归咎于他人"。

当一件事发生时，你会认为它是由谁造成的呢？在"归因理论"中，从他人、环境等外部因素寻找原因被称作"外部归因"，从自身寻找原因被称作"内部归因"。然而，有些人不能客观地分析原因，总是将好事归功于自己，将坏事归咎于他人。这一现象被称作"归因偏差"。

别人的事是自作自受，自己的事是周围人的错

在男性踩到口香糖这件事中，向马路上丢弃口香糖的人负有责任。然而这名女性并没有考虑到这一点。此外，她还过于将自己的心烦归咎于他人。

完全归咎于个人

在一定程度上，某人贫穷可能源于家庭或者其周围的环境。然而，发言者并没有考虑到这一点，他们将贫穷的原因完全归咎于个人。这是一种也有可能用在自己身上的归因偏差。

"归因偏差"有许多类型。较为常见的有将他人的行为归为他人本身，将自己的行为归为情境因素的"行动者-观察者偏差"。还有低估或忽视环境因素，将所有事情都归因于行为者个人的"基本归因偏差"，以及对自己有利便归功于自己，对自己不利便归咎于他人的"自我服务偏差"。

自我服务偏差

今天输掉比赛就是因为你的失误，昨天我赢了是因为我压制对方没让他们得分……

今天还不是你的球被对方击中了，况且昨天得分的显然是我……

成功归功于自己，失败归咎于他人

有利的事情归功于自己，不利的事情归咎于他人。总之，站在对自己有利的立场看待事物。

控制幻想

我看的比赛都会输，以后还是不看了。

哪有这回事。

误认为偶然事件也是可以控制的

无论是谁买，在哪里买，彩票的中奖概率都是一样的。然而有些人认为，亲自到那些中过大奖的彩票店购买，中奖的概率更大。这都是因为存在控制幻想。将体育比赛的胜负、将出现如"雨男""雨女"那样外出必下雨等的天气现象归因于运气，也是出于这种心理作用。

过度的责任归属

在色狼这件事上，被骚扰者也有问题。

怎么可能？

试图追求实际责任之外的责任

一些人认为，被骚扰者是因为衣着暴露才会被色狼骚扰的，因此被骚扰者也负有一定的责任。此外，也有人将手术失败归咎于医疗事故、将受灾严重归咎于官员们的应对不当，等等。他们试图追究实际责任之外的责任。这些都是源于过度的责任归属这一心理作用。

动不动就将责任推给他人

看案心理 **17**

最近在与心理作用有关的"抑郁"中，"非典型抑郁症"的种类在增加。

抑郁症常常被称作"心理感冒"，是一种严重的疾病，甚至会引起自杀。近年来，一些"新型抑郁症"受到了广泛关注。然而，主要新闻媒体所用的"新型抑郁症"这一词语，并非心理学专有名词。在心理学领域，这些所谓的新型抑郁症被称作"非典型抑郁症"。

抑郁症与新型抑郁症（非典型抑郁症）的区别

容易患病的人

症状

抑郁症 ···▶

· 较真
· 规规矩矩
· 多为中年男性

· 缺乏干劲和兴趣
· 自责心较强
· 整天发呆

新型抑郁症 ···▶

· 老实
· 在意他人的目光
· 多为女性

· 对于喜欢的事情积极主动
· 对于讨厌的事情无法集中注意力，感到焦虑
· 倾向于将责任归咎于他人或环境

抑郁症患者的主要表现为，对任何事情都提不起兴趣。新型抑郁症却不同，患者在上班时或在做"自己厌恶的事情"时症状明显；一旦远离这些事去做"自己喜欢的事情"时，就会恢复精神。除此之外，遇到问题时立即将责任推卸给他人，也是新型抑郁症的一个特征。因此，在周围人看来，患者非常任性、懒惰，其实患者承受着不被他人理解的痛苦。

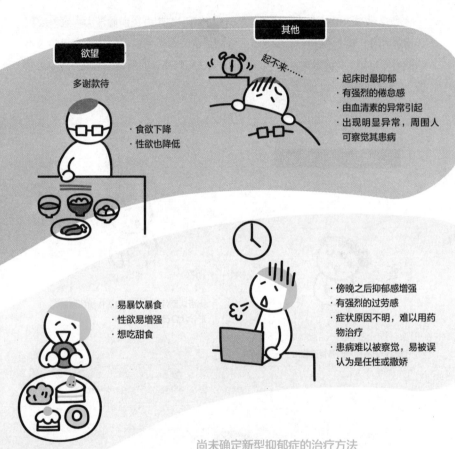

其他

欲望

多谢款待

起不来……

·起床时最抑郁
·有强烈的倦怠感
·由血清素的异常引起
·出现明显异常，周围人可察觉其患病

·食欲下降
·性欲也降低

·易暴饮暴食
·性欲易增强
·想吃甜食

·傍晚之后抑郁感增强
·有强烈的过劳感
·症状原因不明，难以用药物治疗
·患病难以被察觉，易被误认为是任性或撒娇

尚未确定新型抑郁症的治疗方法

针对一般意义上的抑郁症，研究取得进展，治疗抑郁症的药物得到开发。然而针对新型抑郁症，治疗方法尚未确立。在很多情况下，治疗新型抑郁症的药物无法发挥疗效，只能采取食物疗法或者通过改善生活来解决。

看家心理

18

爱讲道理的人的心理

不愿直面自己的感情和欲望的心理有许多类型。

当自己的欲望得不到满足时，人们会下意识地想办法消除压力。这种心理作用被称作"防卫机制"。心理防卫机制是欲望得不到满足时防止自己陷入不快的心理机制，《伊索寓言》中的狐狸因无法吃到高处的葡萄，就说"葡萄是酸的"，这就是很有名的例子。

心理防卫机制的各种类型

有过外遇吗？

他有外遇？是错觉吧……

压抑

比否认更强烈，将不快的体验压制到无形，让自己无法想起。

否认

试图忘记不高兴的事情或想法。

蛋白质和碳水化合物是人类最喜欢的营养成分，所以不得不吃。

理智化

为了不直面感情和欲望，通过专业术语和逻辑将其概念化，让它与情绪分离。

死给你看！

付诸行动

通过问题行为消除被压抑的冲动或纠葛。表现形式为自残、自杀、谩骂或酗酒。

说不出话了……

转化

被压抑的冲动或纠葛被转化为感觉丧失等症状。表现形式为失语症、麻痹、无视等。

想买那个游戏，但是没有钱……

买了也一定会玩腻的，还是算了。

合理化

对于那些未得到满足的欲望，通过"讲道理"来说服自己放弃。《伊索寓言》中"酸葡萄"的故事就是一个很有名的例子。

　　心理防卫机制有多种表现形式，"讲道理"就是其中之一。通过大量运用专业术语，将简单的事情过分复杂化的心理防卫机制被称作"理智化"。这种类型的人下意识地逃避自己的情感和欲望，逃到理智的世界以寻求自我保护。这也是一种向周围之人宣扬自己的知识或能力的表现。

喜欢上少女的人的特征

看穿心理

19

迷恋美少女偶像或角色的人，具有共同特征。

一提到"萝莉控"（洛丽塔情结），想必很多人会产生类似于"变态""有病"等想法。然而，"萝莉控"并不是一种疾病，它是指"成年男性把未成年女性视作恋爱对象"；而"恋童癖"是一种精神疾病，它是指成年人对未满12岁的儿童产生性欲的心理现象。两者是不同的。

> **"萝莉控"是病吗？**

"萝莉控"与精神医学定义为疾病的"恋童癖"看似相似，实则不同。

萝莉控≠恋童癖

"萝莉控"是"洛丽塔情结"的简称，源自小说《洛丽塔》。指男性对年龄差距较大的少女产生爱意和性欲，暂无其他定义。

美国精神医学学会对"恋童癖"进行了详细的定义："对未满12岁的少女在6个月以上的时间里反复出现性幻想、性冲动或性行为。"

未必是疾病

从一般意义上来讲，"萝莉控"并不等于疾病，不过，这是根据美国精神医学学会的标准做出的判断。因为美国与日本针对年龄和成熟度的标准不同，所以不能一概而论，认为美国的标准是正确的。此外，即使"萝莉控"不被认定为疾病，也有可能触犯法律。总之，"萝莉控"并不是一个为世人认可的嗜好。

不过，有"萝莉控"倾向的男性具有一些特殊的心理特征：①"想回到小时候"的倒退心理；② 对成熟女性感到恐惧和胆怯；③ 希望通过少女来弥补自己失去的青春；④ 对于自己长大成人产生抵触；⑤ 对自己即将失去性能力和魅力感到不安……综上所述，有"萝莉控"倾向的男性大多数心理特征较不稳定。

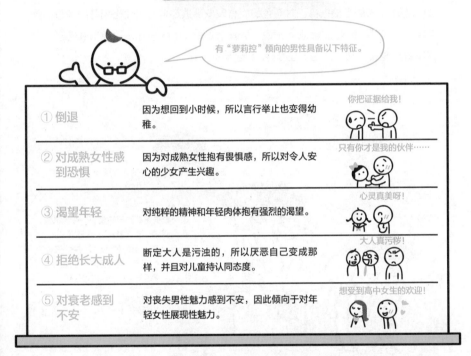

"萝莉控"男性的特征

有"萝莉控"倾向的男性具备以下特征。

① 倒退	因为想回到小时候，所以言行举止也变得幼稚。	你把证据给我！
② 对成熟女性感到恐惧	因为对成熟女性抱有畏惧感，所以对令人安心的少女产生兴趣。	只有你才是我的伙伴……
③ 渴望年轻	对纯粹的精神和年轻肉体抱有强烈的渴望。	心灵真美呀！
④ 拒绝长大成人	断定大人是污浊的，所以厌恶自己变成那样，并且对儿童持认同态度。	大人真污秽！
⑤ 对衰老感到不安	对丧失男性魅力感到不安，因此倾向于对年轻女性展现性魅力。	想受到高中女生的欢迎！

喜欢年轻女性是很普遍的事

由于生殖本能，男性普遍喜欢生殖能力较强的年轻女性。但是，如果对于年轻的渴望或者对于衰老的不安过于强烈，就有可能将年幼的女性看作性对象。有该倾向的人可以试着重新审视自己的性嗜好。

从喜欢的颜色可以看出性格

在意识心理
20

人们在挑选衣服或物品时会不自觉地选择自己喜欢的颜色。
从一个人喜欢的颜色上，我们可以看出其性格。

　　无论是谁，对拥有的衣服或者日常穿的衣服的颜色都有一定的偏好。在大多数情况下，人们会根据自己对颜色的固有印象挑选与自己的性格相符的颜色，会穿着自己喜欢的颜色的衣服。据说，从一个人喜欢的颜色上可以看出其性格。比如，红色象征热情，蓝色象征冷静，绿色象征平和。

一会儿去唱卡拉 OK 吗？

好，来玩投接球吧！

橙色是温暖、情绪高涨、喜好交际的象征

橙色象征着如太阳和火焰一般温暖高涨的情绪。喜欢橙色的人开朗外向，喜好社交，但他们也讨厌并惧怕孤独。橙色是有亲近感的颜色，因此在餐饮店等场所的配色中常被使用。

红色是活力、热情、兴奋的象征

红色象征着强大的活力。充满干劲的人、想展现自己的人喜欢红色，并穿戴红色服饰。试图展现领导力的人，倾向于选择佩戴红色的领带等。红色是非常醒目的颜色，常被用来提示危险，如将它用在信号灯或工作看板上。

精心设计留给他人的印象

从颜色带给人的印象，能够看出一个人的性格。同时，我们也可以有意识地利用颜色来设计形象，以留在他人的印象里。比如，特朗普在演讲时佩戴红色领带，这是用来展现自己的热情和领导力。另外，在致歉时，可以选择沉稳高级的灰色西装，以此避免对方出现过分的情绪化。

黑色是孤立、反叛精神、权威的象征

尽管黑色给人一种消极的印象，但因其兼具厚重感和高级感，所以常常用来象征权威和权力。黑色可以衬托其他颜色，所以常被时尚界采用。那些对黑色有特别情怀的人，一般多有反叛精神、过于自信、独立心强等特征。

蓝色是冷静、集中、清爽的象征

蓝色能让人联想到水、海、天空等清爽的自然界，因此在全世界拥有众多蓝色爱好者。蓝色能够舒缓身心，所以想提高注意力或者让高涨的情绪平静下来时，使用蓝色十分有效。

灰色是沉稳、协调、灵活的象征

沉稳的灰色体现着低调高雅和举止温和。一方面，灰色是沉稳、协调和灵活的象征；另一方面，喜欢灰色的人也有优柔寡断、不喜欢争执、防御本能较强等特质。

绿色是平和、安定、努力的象征

绿色既非冷色也非暖色。作为中间色，绿色具有调节身心的放松效果。喜欢绿色的人，大多为和平主义者，他们有优越的平衡感，并且做事持之以恒。但他们也有较为保守，好我行我素的一面。

　　反之，巧妙利用颜色给人的印象，也能操控人的心理。比如在医院里，以白大褂为代表，白色被大量使用。这是利用白色来制造清洁感。另外，丧服是黑色的，这是考虑到黑色能够渲染出庄重的气氛。

透过眼睛动作可知心中所想

看穿心理
21

一个人思考时的视线或许透露了他的想法。

正如人们常说的"眼睛是心灵的窗户"，人的眼睛动作在很大程度上可以反映一个人的内心活动。当看到自己感兴趣的东西，谈论它的人的眼睛会闪闪发光，那是因为瞳孔在扩张。如果一个人"目光游移"，视线处于不固定的状态，那么表示他正感到强烈的紧张或不安。此外，有些关系生疏的人会一直盯着对方，这表明他正试图控制对方。

与大脑联动的眼睛动作：眼球解释线索

向上运动

大脑正在与视觉联结。这是对某种事物展开想象或者唤起过去的记忆时的状态。

左右（水平）运动

大脑正在与听觉联结。这是试图仔细听取信息或者唤起对声音的印象的状态。

向下运动

大脑正在与身体知觉联结。这是试图感知身体不适或者唤起过去体验过的感觉的状态。

视线的朝向也有具体含义。在大多数情况下，视线朝向右上方，表示想象新的事物；视线朝向左上方，表示回忆过去。例如，当问道"昨天你干什么了？"时，如果回答者回答时视线朝向右上方，则表明他在撒谎或者编造事实。此外，人在笑的时候一般是先嘴巴动，然后是眼睛跟着动。如果嘴巴和眼睛同时动，则表明那个人很可能在假笑。

上下左右 6 种模式解读大脑

看向右上方

表示正在想象未来。善于逻辑思考的人也常看向右上方，这类人中理科生较多。

看向左上方

表示正在唤醒记忆和过去的体验。对待事物较为感性的人也常看向左上方，这类人被称为艺术家型。

看向右方

表示正在对未听过的声音进行听觉想象。

看向左方

表示正在试图通过声音和语调唤起对话记忆。

看向右下方

表示正在感知身体的变化和感觉。在回忆感情和体验时会看向右下方。

看向左下方

表示正在大脑中与自己对话。自言自语时会看向左下方。

心理学

22

出轨的人的特征

人们常说"男人大都会出轨"，那么我们能否辨识出哪些人容易出轨呢？

根据美国的一项调查，研究者认为，在大多数情况下，可以将容易出轨的人归为三种类型：①自恋狂；②缺乏诚实和良心的人；③性格冲动的人。自恋狂由于过于自爱，行动时完全不考虑伴侣的感受，所以是最容易出轨的类型。但无论是哪种类型，他们一旦对伴侣之外的异性动心，都会立刻付诸行动。

容易出轨的人

自恋狂

该类型的人对自己拥有绝对的自信。他们万事以自我为中心，所以会毫无罪恶感地出轨。另外，女性倾向于喜欢自恋的男性。

我说过了，昨天是因为下班太迟了。

缺乏诚实和良心的人

该类型的人经常撒谎，给别人添了麻烦也毫不在意。当然，他们出轨了也不会对自己有良心上的谴责。

一直想买的游戏！这个月虽然手头有点紧，但还是买吧！

性格冲动的人

该类型的人无法抵挡诱惑，好冲动。他们无法用理性压制冲动，只要有机会就会出轨。

容易被出轨的人

够了，你为什么会那样？！

情绪不稳定的人

该类型的人情绪不稳定，会突然间动怒或哭泣，因此会让伴侣感到疲惫。为了寻求安慰，伴侣可能会出轨。

唇印？乘坐满员电车真辛苦啊。

性格木讷的人

该类型的人不会怀疑伴侣，即使目击了可疑的行为或掌握了证据也不会产生危机感。等意识到的时候，伴侣也已经出轨了。

一直以来辛苦了。

对伴侣宽容的人

该类型的人纵容伴侣，容许他所有的要求。如果一切都会被原谅，出轨或许就不难理解了。

　　另一方面，针对"容易被出轨的人"也有过一项调查。根据该调查结果，研究者将这类人也分为三种类型：①情绪不稳定的人；②性格木讷的人；③对伴侣宽容的人。其中，情绪不稳定的人由于喜、怒、哀、乐过于激烈，在与伴侣共同生活时无法使伴侣获得安宁，因此被出轨的情况较多。如果意识到自己是属于这三种类型之一的人，最好重新思考一下与伴侣的相处方式。

看穿心理

23

互相直呼其名的情侣会长久?

从对伴侣的称呼可以看出情侣间的关系。

如果你现在与恋人在一起,那么恋人是如何称呼你的呢?是直接称呼你的名字,还是在称呼后加上表示亲密关系的字词,或者使用昵称?也许有一些情侣之间不称呼名字,只用"喂""哎"等来互相称呼。美国心理学家查尔斯·金博士通过调查发现,不互相称呼姓名的情侣往往难以持久。

不再互相称呼名字的情侣……

吉田哪,周末怎么过呢?

久志想做什么呢?

周末怎么过?

嗯……不知道。

亲密的表现

互相直呼姓名,表明情侣间亲密度很高。那些从一开始就不互相称呼姓名的情侣,以及那些不知更改、不知不觉就叫不上姓名的情侣或夫妻,他们分手的概率会越来越大。

查尔斯·金对55组情侣展开调查。调查结果显示，在不互相称呼名字的情侣中，有86%的情侣在调查之后的5个月内分手。称呼对方的名字，是向对方表示亲密和爱意的重要手段。如果男友开始用"喂，你"来称呼对方时，或许就意味着两人的关系已经亮起了黄灯。

在商务场合中也很重要

我听说高木先生十分优秀啊。

您居然听说过我，真惭愧啊。

小贴士

姓名称呼效应

人会下意识地对自己的名字抱有好感。通过重复称呼对方姓名，可以传达对该姓名的好感，同时也能够提升对方的好感度和亲密度。

对他人也很有效

除了恋人和家人，称呼其他人的姓名也可以提高亲密度。对方会认为自己被认可，因此对你的好感度上升。这一心理技巧被称作"姓名称呼效应"。

喜欢名字中出现的文字或生日中的数字

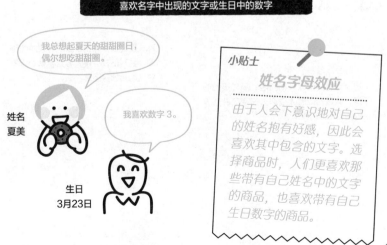

我总想起夏天的甜甜圈日，偶尔想吃甜甜圈。

我喜欢数字3。

姓名
夏美

生日
3月23日

小贴士

姓名字母效应

由于人会下意识地对自己的姓名抱有好感，因此会喜欢其中包含的文字。选择商品时，人们更喜欢那些带有自己姓名中的文字的商品，也喜欢带有自己生日数字的商品。

与他人交谈的最佳距离

你是否很在意与他人的接触距离？其实，这是可以根据与对方的关系而改变的。

　　在拥挤的电车上，如果与陌生人紧靠在一起，相信谁都会感到压抑和不快。在空荡荡的电车上，人们仍会尽量寻找一个与其他乘客有一定距离的位置坐下。人们都有一个接触距离限度，一旦这个距离限度被侵犯，就会不悦。这个距离限度被称为"私人空间"。在拥挤的电车上或者在熙熙攘攘的人群中，人会感到压抑，就是因为自己的私人空间被侵犯了。

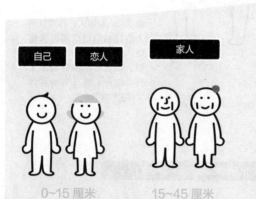

自己　恋人

家人

朋友

0~15 厘米
亲密距离（近段）

15~45 厘米
亲密距离（远段）

45~120 厘米
私人距离

亲密距离是指可以互相拥抱、轻易接触的距离，这是对像家人或恋人般亲密并值得信赖的人允许的距离。

私人距离是指伸出手就能够接触的距离，是对朋友、熟人等互相认识且不讨厌的对象的距离。

110

1.2~3.5 米
社交距离

3.5~7 米
公共距离

社交距离是指很难有直接肢体接触、但是面对面交流没有问题的距离。比如与初次见面的人交谈时的距离等。这是一个社交上必要的有限度的距离。

公共距离是指类似于演讲者和观众之间可以互相看到对方的脸的距离。有时在面试场合也保持这个距离。

如何应对侵犯私人空间的人？

有些人因为一心想接近对方，所以会入侵他人的私人空间。对于这种人，我们可以不露声色地远离他以表达自己的不悦。还有一些人因私人空间过于狭窄，所以会不自觉地接近他人。对于这类人，就应该用一些夸张的反应来表达自己的反感。

　　人们能够容许的私人空间，往往会随着与他人关系的不同而改变。此外，个体间的差异也很大，私人空间会因人而异。越是内向的人越希望占据更大的私人空间。在不能保证足够的私人空间的情况下，女性会比男性感受到更大的压力。与恋人亲密接触是很自然的事，但是如果与素不相识的人近到能够感受到对方的体味和呼吸的地步，相信谁都会感到不自在吧。

身份会改变身高?

观察心理

25

当得知某人的实际身高时,你是否感觉与印象中的不同?

　　澳大利亚心理学家威尔逊做过这样一个实验。他邀请一位嘉宾到大学举办讲座,并故意将该嘉宾以不同的身份介绍给听讲座的学生。当介绍该嘉宾为"剑桥大学的学生"时,学生们对该嘉宾的评价很低,并且推测他的身高要比实际矮。然而,当介绍该嘉宾为"剑桥大学的教授"时,学生们对该嘉宾的评价及推测的身高都提高了。

身份可以改变身高印象

这位是来自剑桥大学的客人。

请多关照。

教授

他看起来多高?

差不多 184 厘米吧。

这位是来自剑桥大学的客人。

请多关照。

学生

他看起来多高?

差不多 177 厘米吧。

权威与身高的关系

　　总裁或教授等是权威头衔,拥有这种头衔的人,不仅能给人留下"很优秀"的印象,也能改变人们对其外表的评价。比如,对其是否帅气的评价及对其身高的推测,都会高于实际情况。

这个实验表明，一个人身份越高，人们对其能力和身高的判断就越高于实际情况。为此，将自己的头衔和履历写在名片上，是打动初次见面的人的一种有效的宣传方式。即使展示的是一些真实情况不明的身份，只要能给对方一种"出色""了不起"的印象，对方就会高看你的能力和身高。

反之亦然，高个子的人容易出人头地

CEO（首席执行官）

普通职员　　普通职员

在美国和日本，人们曾做过几项有关身高和年收入的调查，结果显示，身高越高，年收入就越多。两者间的变动关系大致是：身高每变动1厘米，年收入就变动1.5%。此外，实验结果还表明，对于拥有同样经验和技能的应聘者，几乎所有的人事负责人会录用个子较高的那位。

总统也选身高较高的

乔治·华盛顿

188厘米。

身高对出人头地很重要，这一点从历届美国总统身上就知道了。在美国总统大选中，个子较高的候选人获胜概率为74%。并且，低于美国成年男性平均身高的总统候选人，除了100年前的麦金莱外，再也没人当选过总统。

挺直腰背，评价就会提高

挺直。

让自己的形象更高大

体态优美的人，往往会获得较高的评价。这也和挺直腰板会让自己看起来更高大是同一个道理。虽然只有几厘米的差别，但评价上的差异十分明显。

身体下意识地倾向喜欢的人的原因

恋爱心理 26

与喜欢或在意的人交谈时，身体会下意识地倾向对方。

一个人是否对交谈对象感兴趣，可以从他倾听的姿势中自然地分辨出来。如果感兴趣，他会探出身体做出仔细倾听之状；如果不感兴趣，或对方是自己毫不在意的人，他会充耳不闻。像这样，身体和视线自然地朝向自己喜欢或感兴趣的人的现象，被称作"书立效应"。

从姿势了解对方的心理

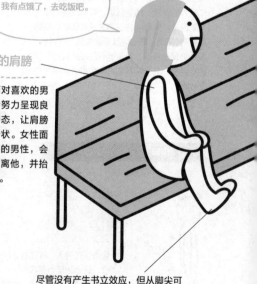

我有点饿了，去吃饭吧。

女性的肩膀

女性面对喜欢的男性，会努力呈现良好的姿态，让肩膀呈平行状。女性面对反感的男性，会尽量远离他，并抬高肩膀。

隔着桌子正面对坐，效果不好

聚餐时，我们不建议大家与心仪的异性正面对坐。面对面时，人的警戒心会增强，而且隔着桌子会让彼此距离变远，很难提高亲密度。从侧面看上去，这种坐法似乎与书立效应相同，但实际效果完全相反。

尽管没有产生书立效应，但从脚尖可以看出女性的好感程度。如果脚尖朝向对方，表明她对对方感兴趣或怀有好感；反之，则表明她对对方不感兴趣或感到无聊。

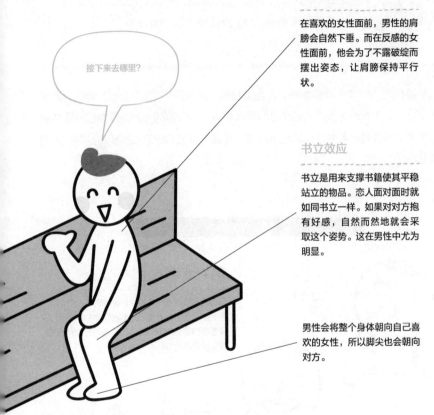

接下来去哪里?

男性的肩膀

在喜欢的女性面前,男性的肩膀会自然下垂。而在反感的女性面前,他会为了不露破绽而摆出姿态,让肩膀保持平行状。

书立效应

书立是用来支撑书籍使其平稳站立的物品。恋人面对面时就如同书立一样。如果对方抱有好感,自然而然地就会采取这个姿势。这在男性中尤为明显。

男性会将整个身体朝向自己喜欢的女性,所以脚尖也会朝向对方。

　　如果与你交谈的人看着你的脸,视线也不移开,就表明他对你有好感或者感兴趣。相邻而坐时,如果对方头部或者肩膀偏向你,就表明他对你的好感度很高。相反地,如果对方视线飘忽不定,或者一直与你保持一段距离坐着,就可以理解为你"没戏"了。

见面那一刻微微蹙眉

27 看穿心理

蹙眉是厌恶的反应。人的好恶会改变面部表情。

美国心理学家卡乔波指出，人在觉察到"喜欢""厌恶"之前，大脑会瞬间做出反应。卡乔波在使用脑电图进行实验时发现，大脑的角回负责掌管自我认知和印象，当看到他人时会瞬间做出反应，并基于过去的印象来判断自己对他人的好恶。

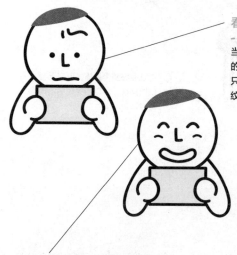

卡乔波的实验

看到不喜欢的照片时会蹙眉

当看到不喜欢或令人不悦的事物时，位于眉间的皱眉肌会发生变化。对方在见到你的瞬间，只要他的眉头周围瞬间蹙动，哪怕并未形成皱纹，也可能代表他讨厌你。

看到喜欢的照片时脸颊会松弛

当看到喜欢的事物、心情变得愉悦的时候，颊肌会发生改变，即呈现出开心的表情。不管怎样装作面无表情，肌肉都会下意识地变化，因此隐藏自己的感情并非易事。

小贴士

艾克曼的基本表情

表情忠实于情感，作为人类普遍使用的交流手段适用于任何民族。心理学家保罗·艾克曼针对表情进行过一项调查。调查结果显示，人类存在"愤怒""厌恶""恐惧""快乐""悲伤""惊讶"六个基本表情。

　　卡乔波所做的实验表明：人在看到喜欢的事物时，颊肌会动，并露出开心的表情；而在看到不喜欢的事物时，皱眉肌会动，并露出反感的表情。角回会在感知他人的一瞬间做出反应，并下意识地形成表情。如果他人在见到你的那一刻眉头蹙动，那么很遗憾，可以认定他不喜欢你。反之，如果他人见到你时脸颊松弛，就表明他对你有好感。

眨眼次数多代表紧张

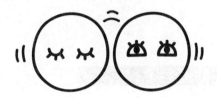

一般为每分钟 6~8 次

人在正常状态下，大约每10秒眨眼一次。如果感受到强烈的压力，就会慌张地频繁眨眼。

如何分辨假笑

微微颤动

注意表情消失的瞬间

心理学家艾克曼将表情呈现分为"开始时间""持续时间"和"消失时间"三个时间段。在有意识地做表情时，如何将这些时间段的表情自然地呈现出来是十分重要的，尤其是做出"消失时间"的表情是很难的。突然从笑脸变为一本正经，或者一直保持笑容不变，都说明做这样表情的人很有可能在假笑。

快嘴多言的心理

密室心理
28

你是否有过不经意间说话越来越快的经历？语速比平时快，往往与不安有关。

与他人相比，内心强烈不安或者因不安而心理落差较大的人倾向于多言。例如，有些人对他人有所隐瞒或心怀愧疚时，说的话就会变得极多。这种现象被称作"不安的差异=活跃模型"。相较于不安程度相同的两个人，心理落差较大的两个人之间的对话会更加活跃。

不安一致导致交流减少

我没怎么学习……

这门课程我不大擅长，没什么信心……

交流减少

如果双方都很不安，或者都十分自信，那么双方都不会积极主动地交换信息，对话因此减少。

不安的差异带来交流活跃

你学习了吗？

嗯，也就和大家差不多。

会出什么问题呢？

范围不是划定了嘛。

要是不及格该怎么办啊？

担心也没办法呀。

交流增多

双方的不安存在差异时，不安感较强的人会积极地寻求交换信息，从而促使交流变得活跃。这便是"不安的差异=活跃模型"。

煽动不安情绪，用于营销

马上就要发生前所未有的

金融危机！

我来教你
如何保护资产。

通过煽动不安情绪，促使客户进行信息交换，增加咨询次数。这在市场营销领域是惯用的手段。

与恋人吵架时会趋同于对方的不安

你为什么不经常联系我？！

对不起，我也很寂寞，但是一直在忙……

……

情侣吵架时，最忌讳的是一方对另一方采取冷处理。这样一来，另一方的不满就会越来越多，喋喋不休。这时如果采取认同另一方的不安的做法，就能使另一方的语气平缓下来。

　　也就是说，快嘴多言的人一般都有较强的不安感，在某些情况下，他们也可能是在撒谎或者隐瞒某些事情。在商业领域，"煽动不安情绪"作为一种商业手段，可以增加客户咨询次数。研究声音和印象的心理学家爱丁顿指出，"快嘴"表明一个人生机勃勃，充满活力。他还发现，外向的人的确容易说得很快。

经常使用第一人称的男性

看穿心理
29

聚餐时经常说"我""我们"的人，或许是在对你表达好感。

近来，对待恋爱不上心的男性越来越多，积极展现自我魅力的男性越来越少。那么，我们从哪里能看出害羞的男性对自己喜欢的人有好感的迹象呢？在美国发表的一篇心理学论文指出，男性面对自己喜欢的人，一般会频繁地使用第一人称。他通过频繁地说"我……"来展示自己的存在。

经常使用第一人称的男性对对方抱有好感

下次和我一起去参加活动啊？

好呀！

试图展示自己

面对自己有好感的女性，男性会频繁地使用第一人称，以展示自己的存在。

不使用第一人称的男性不对对方抱有兴趣

下次一起去参加活动啊？

一起去吧！

没有展示自己的必要

不怎么使用第一人称的男性，一般并不想展示自己。虽然有时是源于害羞，但大多数情况下是对对方不感兴趣。

如果你是女性，当有男性对你经常使用第一人称"我"时，那么你可以认定，他是在积极地向你展示他的魅力。并且，如果他的身体或手的动作较大，那么你可以认定，他对你有相当大的好感。此外，男性频繁地称呼你的名字，也表明他对你有相当大的好感。

将自己的名字用作第一人称的女性是怎样的呢？

丽纱喜欢这个！

幼稚的表现

我们偶尔会碰到将自己的名字用作第一人称的女性。这是一种幼稚的表现，源于她们长大后并未舍弃幼时的习惯。从这种现象中，我们可以窥见她们对于幼时生活根深蒂固的依恋。

使用第一人称复数的男性是怎样的呢？

嗯！

我们溜出去呀？

有自恋倾向

还未交往时，男性就使用第一人称复数，说明他不大在意对方的感受，具有自恋倾向。若不擅长与这类人打交道，最好还是与他们保持距离。

专栏

2

精神科医生
与心理医生的区别?

　　精神科医生与心理医生都是治疗心理疾病的专家。虽然两者看上去相似，但实际上完全不同。

　　两者最大的区别是工作内容。精神科医生对抑郁症等心理疾病采用药物治疗，而心理医生则通过心理咨询辅助患者自行恢复健康。

　　另外，在日本，两者的从业资格有区别。精神科医生需要取得医生资格证才能开展治疗活动，而心理医生通过资格审查后取得的是民间资格认证*。将来，日本将产生公认心理咨询医生这一职业，实行国家资格认证，其职能与心理医生是一样的。

*心理医生在日本属于民间职业资格。——译者注

CHAPTER

3

触动人的
内心

相信占卜的心理

触动内心
01

人们在进行星座占卜或生日占卜时，都会认为占辞"很准"，但实际上其中充满着诡异的计谋。

在对占卜或性格测试的结果所做的解释中，许多人听过"你虽然……但有时也……"这样的描述，并且认为描述得"很准"。比如，当听到"你虽然喜欢和身边的人一起玩耍，但有时也喜欢独处"这样的描述时，很多人会边说"是的，是的"，边点头表示赞同。

对任何人都适用的人格描述

你平时善于社交，但有时也会比较内向。

今天，射手座的运势是即将有一场完美的邂逅。

B 型血的人……或许会有年长的人来向你表达好感，今天会是棒极了的一天。

嗯，的确如此。

占卜中使用的巴纳姆效应

在星座占卜和血型性格测试中，占卜师经常使用巴纳姆效应这一技巧，通过适用于大多数人的笼统性人格描述，来让人们相信他说得"很准"。

指出几乎所有公司都存在的问题

第一次见面时，向对方指出一个几乎所有公司都存在的问题。这会让对方觉得你是"该领域的专家"，进而对你产生信任。这种技巧在咨询界特别有效。

采用几乎对任何人都适用的赞美之词

夸奖异性的外表时，有时会令对方产生自卑感。如果选择几乎对任何人都适用的赞美之词，说起来时好像只有自己才能看出这一点，对方就会觉得你是个懂他的人，就会信赖你。

经过深思熟虑后我们就会知道，这种让人觉得"很准"的人格描述，在某种程度上几乎对任何人都适用。通过这样的人格描述来让人产生"很准"的心理效应，被称作巴纳姆效应。

美国心理学家福勒曾用一篇内容几乎适用于任何人的文章进行性格测试。该测试结果显示，大部分人认为这篇文章的内容"十分符合自己"。

如何提高下属的积极性?

02

当感到被上司"关注"时,下属的工作效率会迅速提升。

研究人员在芝加哥进行了一项"工厂内照明对生产效率的影响"的实验,结果出乎意料。工人们只是被告知"正在进行生产效率的实验",但他们的生产效率显著提升,并且这种提升与工厂内部的照明亮度毫无关系。这是因为在实验中,工人们感到自己"正被关注",下意识地产生了"不想被认为是生产效率低的人"这一心理。

"正被关注"可以提高动力

干吧,马上就是休息时间了,大家加油!

好了,虽然定额没有完成,但今天就到这吧。

上司一直在看着我们,加油吧!

希望回应关注者的期待

在美国霍桑工厂进行的实验表明,工人受到上司或周围的人关注时,生产效率迅速提升。这是因为工人想以此回应关注者的期待,是这种心理在起作用。

因实验在霍桑工厂进行，所以人们把这一心理现象称为霍桑效应。大多数人单凭自身很难提升动力，而一旦被他人关注，就会迅速提升动力，努力工作。实际上，有一些企业正利用霍桑效应来提升业绩。迪士尼乐园对员工的评价就是著名的例子之一。迪士尼乐园对员工的评价不是由职能部门来负责，而是采用员工互评的方式，并以此来提升员工的工作积极性。由此可见，具有"被关注"的意识是多么重要。

霍桑效应应用于自身

这家店饭的分量较大，点小份的吧。

总是吃大份的，这回选个普通份的吧……

菜单　　菜单

与自己设定为目标的人一起行动

正在减肥的人，以及为自己花钱大手大脚而烦恼的人，请试着与自己设定为目标的人一起行动吧。为了不让对方失望，就采取与目标接近的行动。

将霍桑效应应用于他人

你的工作不被上司看好。

什么，那我就随便做做吧。

反向思考

反过来思考霍桑效应，如果工作不被上司看好，下属的积极性就不会提升。正因如此，那些认为"上司不看好自己"的人，往往会提不起干劲，工作业绩会随之下滑。

容易相信传言

触动内心
03

容易相信网站上的帖子或评论是有原因的。

有些人不相信电视或报纸上的报道，将普通的大众媒体称为"大众垃圾"，只相信网络上的不实传言。这些人之所以会这样，是缘于一种心理现象。人们会将来自第三方的传言当作"大多数人掌握的信息"，并会下意识地相信、重视这些传言。这种心理现象被称为温莎效应。

如果得到上司的当面表扬

你一直很努力啊！

谢谢。

这是鼓励吗？

怀疑是客套话或策略

作为下属，得到上司的当面表扬的确很开心，但也会怀疑上司说的是客套话或单纯的鼓励，也就不会发自内心地感到高兴，总觉得上司在撒谎。

如果从同事那里得知被上司表扬……

听说部长表扬你了。

真的吗？
太好了！

认为听到的是实话

人们认为，从第三方那里得到的消息一定是大多数人得知的消息，所以可信度较高。这就是温莎效应。

温莎效应在市场营销中的活用

最棒的化妆水
诞生！

40岁+
女性
更常被误认为是
30多岁。

20岁+
女性
和之前的上妆
效果不一样。

30岁+
女性
皮肤恢复了光
泽，细皱纹也
减少了。

利用顾客的声音

最有效的宣传方式就是，利用多
数人的传言建立口碑。同理，广
告利用顾客的声音宣传产品效
果，也能提高可信度。

温莎效应在恋爱中的活用

听说，隆史君喜欢你，由子。

真的吗?！
哇，太好了！

更有效地展现魅力

如果想亲近交往对象却把握不准时
机，就通过对方的朋友委婉地表达
自己的好感吧。这样一来，对方就
会开始视你为发展对象，你的魅力
就会得到更有效的展现。

请试用者在网站上写正面评价的做法，就是将温莎效应应用于市场营销领域
的一种手段，被称为"隐形营销"。不过，它也带来了一些问题。因为每个人的
感受和评价都存在差异，所以盲目相信网站是很危险的。即使如此，现在还是有
很多人会参考购物网站上的评价来对商店及其商品进行判断。

触动内心

04

不自觉地顺从不改变主张的人

即使是做出贡献较少的少数派，只要一直坚持自己的主张，
也能打破多数派一手遮天的局面。

在团体中，人们一般会顺从多数派的意见。这是因为在多数派面前，人们即使持有自己的观点也不想表达（从众心理），或者人们倾向于认为大多数人所支持的意见是正确的（群体思维）。不过，有时候我们不应该违背自己的意愿，而应该坚持己见："不对就是不对！"

少数派的意见也能被认可

不管出于什么考虑，都应该退出市场。

退出是最划算的。

是吗……

少数派 A　　少数派 B　　　　　　　　多数派 A

那，我们也把撤退考虑进来吧。

或许重新考虑一下比较好。

不，我们只能继续。

多数派 D　　　　　　多数派 C　　　　多数派 B

多数派不一定占上风

在民主主义的多数决规则中，多数派的意见具有绝对的优势。然而，即使是少数派，如果能够坚持己见，也会对多数派产生影响，使他们改变观点。

在这种情况下，重要的是坚持同一个观点。如果有同为少数派的支持者，不妨与他好好商量，将两人的观点统一起来。即使是做出贡献较少的少数派，只要一直坚持自己的主张，也能打破多数派一手遮天的局面。这种现象被称作"少数人影响"。不仅是坚持主张，如果能提出理论根据，效果就会更加明显。

霍兰德的策略

少数派中曾经做出巨大贡献的领导

多数派

你既然这样说了，或许你就是对的。

用实绩增强影响力

如果少数派中有曾经对团体做出巨大贡献的领导，就可以利用人们对他的肯定，对多数派施加影响，使其改变意见。

莫斯科维奇的策略

少数派

这项数据越来越差了。

退出市场是最佳选择。

退出之后，把资金转投到其他事业上要比现在好很多。

多数派

嗯……

被贯彻的主张具有强大的说服力

无论少数派的影响力多么小，只要能够坚定意志且以灵活的视角坚持自己的主张，就会产生强大的说服力。多数派会逐渐受到影响，最终他们中就会出现推翻原有想法的人。

131

触动内心

05

被夸奖之后会更加努力

如果你认为一个人很优秀，就会情不自禁地夸奖他。他被夸奖
后会提升自己。长此以往，就形成良性循环。

经常有人开玩笑地说："我属于被夸奖就能成长的类型。"不过，这并非玩
笑话，而是适用于大多数人的事实。人具有一种被寄予期望后就试图回馈的心
理。实际上，人在被寄予期望或者被夸奖之后，很多时候会更有干劲，并且能取
得预期的效果。这被称为皮格马利翁效应。

当老师表明，学生拥有优秀的潜能之后……

真厉害，回答得真好啊！

嘿嘿……

……

……

……

成绩更上一层

心理学家罗森塔尔对小学生进行智商测试。他向教师出示了一些学生的名
单，并告诉老师，这些学生今后的成绩会上升。其实，这些名单上的学生
是随机抽选出来的。然而，数月之后，这些学生的成绩确实上升了。这是
因为，教师在培养这些学生时，对他们寄予了期望。

用于对部下的培养

已经游刃有余了啊！真优秀！

还差得远呢！

通过寄予期望来培养下属

相信下属一定能取得进步。每当他取得微小的进步时就给予褒奖，这样他就能够时刻保持干劲，并实现最大限度的成长！

也能用来防止出轨？

喜欢你的诚实！

谢谢，我很开心。

不要说"不要出轨"

如果情侣不希望另一半出轨，就不要说"不要出轨"。因为这样说会适得其反，对方会以为你在说他（她）是一个"放任不管就会出轨的不诚实的人"，很容易产生戈莱姆效应。所以，应该夸奖对方优点，以激发皮格马利翁效应。

　　相反，那些不被夸奖、不被期待、甚至一直被说"没用的家伙"的人，实际上即使真有能力，也无法发挥出来。他们往往动力不足，不能做出成绩。这种现象被称为戈莱姆效应。此外，人类的大脑并不能根据个人喜好来记住自己想记住的东西，而是会毫无排他性地记住各种各样的东西。所以，时常否定他人的人，也会降低自己的动力，这一点需要注意。

触动内心

06

巧妙的拒绝方式

对于难以拒绝的请托，可以用巧妙的方式表明自己的想法。

不管什么时候，拒绝别人的请托都会让自己感到为难。还有许多人，不知道怎么拒绝别人，不管别人有什么请托都有求必应，结果让自己陷入极大的痛苦之中。大部分情况下，出现这种情形都是不想因自己的拒绝而伤害到双方的感情的心理在起作用。只是，这种通过压抑自己来勉强接受别人的请托的做法并不可取。

拒绝的三种形式

我想帮你，但是现在抽不开身。

……我来做吧。

这样啊，好遗憾。

谢谢！帮了我大忙了！

巧妙果断

在尊重对方的想法和人格的基础上，说出自己所处的状况，巧妙地表明自己的想法。这种拒绝方式比较圆滑。

优柔寡断

为了不产生摩擦，压抑自己的感情和想法，对对方有求必应。这会产生巨大的心理压力。

我不可能做！

为什么生气啊……

强硬武断

自我态度强硬，不考虑对方的感受。长此以往，人际关系会不断恶化，招致他人的不满增加。

最巧妙的拒绝方式是"用礼貌的态度，果断地拒绝"。不只是简单地拒绝，同时详细地解释一下拒绝的原因。拒绝时，一边道歉一边表明自己的想法，这被称作"巧妙果断"。这时，如果能够提出替代方案就更好了。不采取巧妙果断的拒绝方式，只一味地接受对方的请托，就是"优柔寡断"。在这种情况下，人就会陷入一直帮别人解决请托之事的境地。

巧妙沟通的四大要素

我现在很忙，抽不出时间。

我知道你很为难，对不起。

诚实

不管是对自己还是对别人，都保持诚实。欺骗和说谎就无法进行良好的沟通。

坦率

坦率地表达自己的情况和感受。即使有厌烦的情绪，也应该告诉对方。这才是正确的交流方式。

以后，你能不能也来帮我做些工作？

要是关系闹僵了也是没有办法的……

不！

自我担责

自己的言语和行为引起的后果，由自己承担，绝不可以怪罪他人。

平等

要记住人与人之间是平等的。即使是上下级关系，也要彼此尊重对方。

触动内心

07

请托时找个理由

请托时，找个理由会提高成功率。

前文谈及，很多人因不知怎么拒绝别人而苦恼。其实，事情还有另一面，也有很多人不知道怎么请托别人。因为不知道怎么求人办事，所以只得一个人包揽事务。请求别人帮忙也是有技巧的。其中，"固定行为模式"最为著名，即请托别人时给出理由，对方接受请托的可能性就会提升。

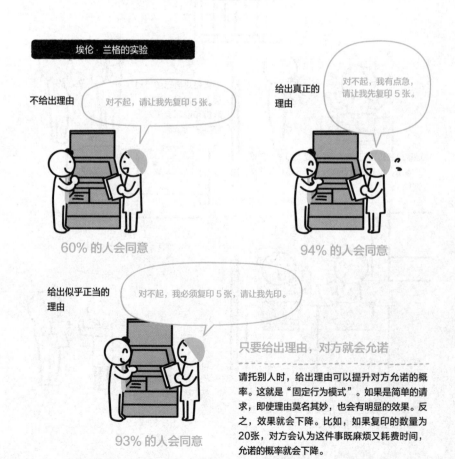

埃伦·兰格的实验

不给出理由

对不起，请让我先复印5张。

60% 的人会同意

给出真正的理由

对不起，我有点急，请让我先复印5张。

94% 的人会同意

给出似乎正当的理由

对不起，我必须复印5张，请让我先印。

93% 的人会同意

只要给出理由，对方就会允诺

请托别人时，给出理由可以提升对方允诺的概率。这就是"固定行为模式"。如果是简单的请求，即使理由莫名其妙，也会有明显的效果。反之，效果就会下降。比如，如果复印的数量为20张，对方会认为这件事既麻烦又耗费时间，允诺的概率就会下降。

邀请约会时

附近开了一家时髦的咖啡馆，周末一起去吗？

周末去约会吗？

嗯，我有点忙，还是下次吧。

我也想去看看！

理由成为借口

邀请别人约会的时候，即使对方真的想去玩，但如果对方不是真心喜欢你，那么答应下来后，对方的心里也可能会不大舒服。给出一个约会的理由，让该理由成为对方允诺的借口。

用于工作

根据客户要求，必须抓紧时间在周四之前做好这份材料。

周四之前把这个材料做好。

这个有点难……

嗯……知道了，我尽力。

把客户优先当作理由

对于公司来说，客户的要求就是第一优先事项。安排别人工作时，将客户的要求传达给对方，对方就比较容易接受。

　　这种情况下，就算是毫无意义的、非"正当"的理由，也会产生效果。心理学家兰格进行的"请正在复印的人允许自己插队"的实验中，只凭借"因为我必须复印，所以请让我先印"这个理由，就让对方应允的概率提高了33%。只不过，如果请托别人的事情较为复杂，效果就会变弱。所以，请托别人时，还是给出合适的理由比较好。

触动内容

08

被批评者的心态会随着批评方法的变化而变化

不在意对方感受的批评方法，只会给被批评者带来负面情绪。

在工作中，肯定会有不得不批评下属和后辈的时候。需要注意的是，批评时要注意方式。重要的是，不要把"生气"和"批评"混为一谈。如果批评时让对方感到"自己被撒了一通气"，他就无法领会你"希望他改善"的用意。想进行有效的批评，就需要采用不打消对方积极性的方式。

正确的批评方法

立即批评

刚才那件事情啊……

嗯，您说……

不在人前批评

所以说你不行啊！

我还是辞职吧。

话说那件事情啊。

嗯？为什么现在说？

反省过后的批评是不可取的

犯了错误，谁都会反省。但是当事人已经反省过后再对其进行批评，就会让当事人产生不悦和不满的情绪。

简洁地批评

所以说你这点……

你能不能快点说完……

今后一定要注意啊！

……好的！

啰里啰唆

不再听批评的内容

如果批评的时间过长，比起内容，被批评者只会希望批评早些结束，反而不会再反省了。

138

例如以下方式："不事后算账，立即批评""简洁地批评""将批评糅合在夸奖中，肯定做得好的，批评做得不好的""在其他员工看不见的地方批评""不以居高临下的姿态批评，彼此都坐着"等。事后算账或者无休无止地训、责都很难起到效果。即使是批评，也要让对方感到你尊重他的立场。

团队建设的诀窍

在商业活动中，团队建设是非常重要的。那么，该怎么建设呢？

社会心理学家李威特为了调查团队的工作效率和对工作的满意度，做了一项实验。他让5个人组成4种不同类型的团队，并进行工作。这4种团队分为：① 轮式；② Y式；③ 链式；④ 环式。轮式团队中领导明确，而环式团队中没有领导。按照团队①—④的顺序，领导力逐渐减弱。

李威特的实验

链式

团队中虽然存在中心人物，但中心人物与成员之间不是单方面的联系，而是重视横向的沟通。链式的效率不算高，但成员的不满情绪也相对较少。

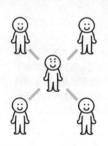

轮式

中心人物可以分别与团队成员进行沟通。中心人物顺其自然地成了领导者，尤其在处理简单的工作时，轮式的效率最高。但如果工作内容相对复杂，则会导致成员不满。

Y式

团队中虽然存在中心人物，但中心人物并不能与所有成员进行沟通。Y式的效率较高，但不是最高的。团队成员的不满情绪也相对明显。

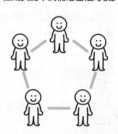

环式

团队中没有中心人物，所有成员拥有同等信息渠道。环式的效率最低，但也不会滋生不满。团队成员都能够维持较高的工作动力。

设置了 4 种类型的人际沟通方式

设置4种类型的团队信息传递网络后，让团队成员投入工作。实验结果表明，效率最高的是轮式，成员满意度最高的是环式。该实验对团队建设有很大的参考价值。

独断专行型组织的效率最高

你们只需要听我的话——

但是员工们……

领导掌控所有的信息，同时负责判断和调整。这类组织的工作效率非常高。但是，基层员工对工作的满意度较低，很多人因工作积极性不高而离职。

谋求全员高满意度应选择友好型组织

那个也不对。

我用自己的方法做。

这个也不对。

我的方法绝对是正确的！

没有领导

如果组织成员立场不一致，就无法确定工作的方法和组织方针。这类组织的工作效率非常低。但另一方面，员工可以按照自己的方式推进工作，对工作的满意度较高，离职的人也较少。这种组织试图营造内部的平衡，与轮式相比，我们尚且无法确定哪一个更好。

　　轮式团队以领导为中心，信息和指令能够快速传达。因而，处理简单的工作时，轮式团队的工作效率最高，但是成员多存在不满。处理复杂的工作时，环式团队可以同时满足较高的工作效率和满意度。此外，Y式团队便于双向传递信息。链式团队与环式团队均有利于开展复杂的工作，但容易引起派系斗争。因为工作不同，所以团队的形式存在合适和不合适之别。

越见面越喜欢

触动内心

10

最开始明明不太感兴趣，但见过几次面后就喜欢上了。这是为什么呢？

人往往容易对见过几次面的人抱有好感。心理学上将这种现象称作曝光效应。人们对初次见面的人多多少少会抱有警戒心。随着见面次数增加，对见面之人的脾气和秉性逐渐了解，警戒心会消失，好感也就随之而来。这一心理效应不只是面对人时起作用，面对文字和物品时也同样起作用。

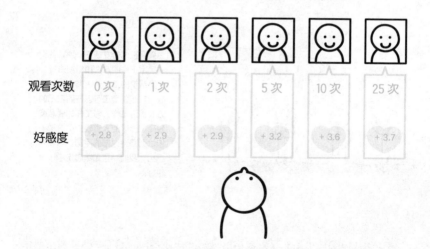

扎荣茨实验

观看次数	0次	1次	2次	5次	10次	25次
好感度	+2.8	+2.9	+2.9	+3.2	+3.6	+3.7

观看次数越多，越有好感

心理学家扎荣茨准备了12张照片，他将其中的10张以每张2秒的速度向实验参加者展示。每张照片的展示次数不同，共展示了86次。扎荣茨询问实验参加者对于包括未展示过的照片在内的所有照片的好感度。结果表明，观看次数越多，好感度越高。

恋爱时也是如此。即使两个人平常不怎么交流，只要经常见面，随着见面次数越来越多，两个人对彼此的好感度也会随之上升。所以，有时女生会对经常在同一电车里碰见的帅哥产生好感。如果有喜欢的异性，只要经常给对方打电话或者增加见面的次数，彼此对对方的好感度就会提高。不过，也有数据表明，见面超过10次之后，好感度就不会有太大的变化。

日常生活中使用的曝光效应

反复出现的电视广告

喜欢上明星和商品

就电视上重复播放的广告来说，播放次数十分重要。市场营销领域中有"七次法则"的说法，它是指人们看过七次之后就会对商品产生购买的欲望。

对恋爱也适用

> 昨天刚见过面，我又想你了。

勤于联络的男性受欢迎

勤于联络的男性较受女性欢迎。这正是利用了曝光效应。就算不直接见面，打电话或发邮件也同样有效。

注意这里！

> 真烦人！

好感度的上升是有限度的

扎荣茨实验也显示，超过10次，好感度将不再上升。如果联系对方10次左右还没有看见什么苗头，就痛痛快快地放弃吧。

如果一开始就被讨厌，
就没有效果

> 你这么频繁地来，我很讨厌。

甚至会增加对方的厌恶感

如果一开始好感度就为负，也就是说对方讨厌你，那么频繁见面不仅不会增加好感，还会让对方更加厌恶你。

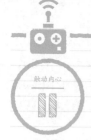

模仿就会获得好感的法则

触动内心

人会模仿自己喜欢的人，也会喜欢模仿自己的人。

　　利用镜像效应，是提高对方好感度的诀窍之一。顾名思义，镜像效应是指试图模仿对方的行为举止的心理现象。人往往会对与自己相似的人或者与自己有相同行为的人抱有好感。镜像效应就是一种下意识地模仿对方的行为以期望获得对方好感的心理现象。

模仿自己喜欢的人，喜欢模仿自己的人

因为相似，所以喜欢

在有关相似性的章节中曾经介绍过，人对与自己相似的人抱有好感。反之，人们也希望能够与喜欢的事物产生相似点。利用镜像效应，就是利用这一心理作用的沟通技巧。

144

只要值得信赖，照葫芦画瓢也行

变相的镜像效应

像照镜子那样模仿

如果彼此之间的信赖度很深，那么完全模仿对方的举动可以提高亲切感。

不露声色地模仿

如果彼此之间缺乏信赖，那么单纯地模仿很可能因被对方察觉而引起不快。不露声色地采取与对方相似的动作就可以避免此类事情的发生。

配合

采用部分行动

态度、肢体动作、声调、节奏等，对方的各种举止都可以模仿。在模仿时间上做些延迟，就可让模仿进行得不动声色。

　　"不自觉地模仿对方的神情举止""采取与对方相同的姿势"等都是镜像效应的具体表现。在大多数情况下，仅凭这些就足以提高自己与对方的亲密度。要想灵活运用镜像效应，一方面要仔细观察对方，另一方面要注意，不要让对方觉得你在模仿他。在模仿时，动作上不需要完全同步，即使动作延迟了，也能取得很好的效果。

触动内心

12

想收回成本的心理

想收回之前付出的金钱，弥补之前耗费的时间，这种心理很容易被操控。

处于恋爱关系中的双方，如果投入差距较大，"迷恋的一方"或"主动追求的一方"就属于弱势的一方。迷恋的一方尽心尽力地为对方付出，试图通过这种方式来收获爱情。这时，他的心中会产生"沉没成本效应"。他认为，自己所付出的劳动和金钱应该得到足够的回报。

受损后试图挽回

再追加投资，恐怕无法挽回了……

应该更有效果才对！

潜在损失 500 万……上涨之前只能靠吃咸菜度日了。

已经投了 100 万！今天一定要看到胜利！

忘掉沉没成本吧

事业不顺的企业董事长、股票下跌却无法止损的投资者、想回本的赌徒，这些人的内心都会陷入沉没成本效应中。忘掉失去的金钱（沉没成本），转而思考今后的投资（机会成本）才是明智之举。

事实上，很少有人能够获得足够的回报。由此，耗费的精力、体力和财力越多，人就越无法轻易地放弃对方，也就错失了全身而退的时机，从而让自己陷入单方面的付出之中。反之，你和某人正在谈恋爱，如果对方主动地在你身上花费时间和金钱，那么他一定希望所付出的成本能够有助于大大加深你们之间的感情。

想长时间维持恋爱关系，就让对方花钱

花钱可能正中对方下怀

为了能与喜欢的人交往、博取对方的欢心而展开礼物攻势。然而，这就将能否继续交往的决定权交到了对方手中。这种方式对想保持长期交往的人来说并不十分有效。

花费的成本会转化为价值

只要对方不反感，就送他生日礼物或者请他吃饭吧。你花费的那部分成本会转化为你的价值。只不过，若对方对你没有好感，还在他身上花费就有可能遭到拒绝，所以并不推荐这种做法。

自己敞开心扉，对方也会敞开心扉

如果想让对方敞开心扉，首先自己要敞开心扉，这是铁律。

一个人想通过交谈来了解对方的一些情况时，往往会针对自己想了解的情况直接向对方发问。只是，这种方式不一定能得到自己想得到的回答。这时，发问者如果能与对方分享自己的一些情况，对方就会知无不言地袒露自己的心声。巧妙地利用这种沟通技巧，就能轻而易举地获取对方的一些情况。

自我表露也能让对方敞开心扉

你喜欢电影吗？我最近迷上了音乐片。

我只看动作片。

自我表露

回报性原则

迅速消除隔阂

自我表露是指见面后主动地将自己的情况传达给对方的行为。对方在回报性原则这一心理作用下，也会主动分享自己的情况。这样，双方间的隔阂就迅速消除了。

小贴士

回报性原则

是指想回报对方的心理作用。人们希望能够以同样的方式回报对方，以善意回报善意，以自我表露回报自我表露。

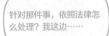

针对那件事，依照法律怎么处理？我这边……

我也很为难，但我这边……

我喜欢你！

啊？！

迅速消除隔阂

自我表露是指见面后主动地将自己的情况传达给对方的行为。对方在回报性原则这一心理作用下，也会主动分享自己的情况。这样，双方间的隔阂就迅速消除了。

诚实地表达好感

自己对能否与对方保持交往不再抱有期待，只是单纯地向对方表达自己的好感，这样做也是有效果的。这与自我表露的技巧十分相似。出于回报性原则，对方不会对你的举动产生反感，反而其内心有可能下意识地萌生恋爱的情愫。

好，那么把你的感受告诉我吧。

……

重要的沟通

在心理治疗领域，自我表露被认为是非常重要的沟通技巧。患自闭症和发展性障碍的人，都会接受有关如何表达自己的想法和心情的训练。

向他人袒露自己的内心的行为被称为自我表露。人们对向自己表露内心的人，更容易产生亲近感。并且在大多数情况下，当他人向自己表露内心时，自己也会向对方表露同等数量的信息。通过彼此间的自我表露，两人的关系就会更加亲密，沟通也就更加顺利。

触动内心

14

在商务活动中经常聚餐的原因

在商务活动中，与客户一起聚餐总是免不了的。从心理学角度来看，这其实是非常合理的。

美国心理学家拉兹兰发现，在商谈或谈判时，采用边吃饭边交谈的方式，更容易获得对方的好感。他将这一现象称为"午餐技巧"。与他人一起用餐时，大脑垂体后叶会分泌一种与爱情有关的催产素，以加深与对方的亲近感，更容易获得善意的回应。所以，事先了解一些制作美食的餐馆对工作十分有帮助。

用"爱情+幸福激素"提高亲密度

幸福激素＝血清素

催产素

爱情激素＝催产素

血清素

血清素

大脑中被称作"幸福激素"的物质，品尝美食或者与喜欢的人约会时会分泌。

催产素

被称作"爱情激素"的物质。脑内分泌之后，会增加血清素的活跃程度。与家人、朋友吃饭或者发生身体接触时会分泌。

大脑产生错觉

品尝美食所获得的幸福感和与对方聊天获得的幸福感原本可能并无关联，然而大脑会错将这两者联系在一起。这种大脑错将毫无关系的事物联系在一起而引起的心理作用被称作"联想的原理"。

一边品尝美食一边交谈，可以缓解紧张，放松心情。并且，因为注意力集中在吃上，所以就不会过分在意对方说的每一句话。在政治领域，在日本，人们在高级日式料理店进行协商或者谈判已是常态。在美国，人们有时会边吃早餐或午餐边开会，并称其为"权力早餐"或"权力午餐"。在恋爱约会时，选择共同进餐也是利用了这种无意识下产生的效果。

在商务谈判中被活用的"联想的原理"

对方善意地接受提案

不只是恋爱，在商务或外交场合中，午餐技巧也常常被使用。

"联想的原理"也有副作用

播报坏新闻时出现失误是致命的

报道坏消息的新闻播音员原本与新闻本身无关。然而由于"联想的原理"的作用，观众有时会将怨气转向播音员。特别是播音员的态度如果不够严肃认真，就会引发众怒。

小贴士

联想的原理

是指大脑错将毫无关系的事物联系在一起而引起的心理作用。这一原理常被用在商业上，例如雇用好感度较高的明星出演广告以提升产品形象等。

对限定商品没有抵抗力

触动内心
15

"所剩无几！"人们对于限定商品没有抵抗力，原因在于
其价值上升。

　　想必任何人都难以抵抗"限时""限量""只限今日"或"最后一份"等推
销用语。人们往往认为市面上的稀有物品更有魅力，其价值也更高。这就是"稀
缺原则"。典型的稀有物品，除了有钻石等宝石和贵金属之外，还有生产数量
较少的名车等。在各个领域，人们都能发现可以极大地煽动人的占有欲的稀有
物品。

日常生活中随处可见的稀缺原则

每日限量 30 碗！

拉面

人气运动鞋
只剩几双！

超市

限量

通过限制商品或服务的数量以表现其
稀缺性。

限时

限定折扣期间或限时提供新产品，可以提升顾客购买欲望。

书

租车

今日发售的《时尚》杂志附赠豪华礼品

折扣 1年会员费

限时 美味亲子饭！

今日截止

限时折扣！ 今天17点开始

限时礼品

不光是商品本身，对商品随附的礼品进行限时发售也可以吸引优质的顾客。这种营销手段被频繁使用。

……其实，我这回要调走了。
……不和我一起去吗？

……我一直等着你说这句话呢！

恋爱中也可以活用

如果因发生某事而无法再与对方见面，那么这或许是一个告白的绝佳时机。倘若对方对你的好感度很高，他会不愿意放手，从而接受你的告白。

　　此外，当被告知"只限今日"时，大多数人就会认为"错过了今天，就再也买不到了"。无法随时自由地购物，也就是限制了人们的自由。人一旦自由受到限制，就会因不愿意舍弃自由而产生抗拒的心理。这一心理现象被称作"心理电抗"。结果，很多人不想被剥夺购物的自由，就选择了购买。

预言能使美梦成真?

触动内心

16

人们有所期待时，会不自觉地以其为目标采取行动，并实现这个期待。

谈及成功的捷径，首先最重要的是相信成功。其次，是带着自信为取得成功而努力。这看似过于简单，却是不争的事实。人们在期待和预想什么时，即使只是嘴上说说，也会下意识地以此为目标采取行动，并最终使预言成真。心理学上将这一现象称为"自我实现预言"。

相信就能实现——自我实现预言

咦……今年流行红色的衣服啊。

据说今年的流行色是红色。

欸，那必须买新衣服了。

相信预言

一旦相信媒体宣传的预言，就会下意识地为实现这一预言而采取行动。

传播信息

通过相信预言的人对信息的传播，使得信息传播范围更广且具有信服力。

红色衣服是潮流

为了能够早一步追逐时髦，许多人开始穿着红色的衣服，结果红色衣服成了潮流。这种现象就是自我实现预言。

在现实中，预言成真的最著名例子是棒球选手铃木一朗。铃木一朗在小学时的作文中明确宣称："将来我要成为职业棒球选手。"之后，他日复一日地努力，不仅真的成为职业棒球选手，还离开日本成为活跃于美国棒球大联盟的著名选手。此外，相信血型占卜的人，其性格会逐渐接近占卜的结果，这也是一种近似于自我实现预言的现象。

实现自我梦想的宣言

将来，我要成为一名棒球选手。

我相信梦想能够实现。

断定梦想会实现

只要怀抱着强烈的意志，断定并相信梦想能够实现，人就会下意识地朝着梦想的方向采取行动。

信念开辟道路

相信梦想会实现的人，会不惜一切为实现梦想而努力。他们会最大限度地发挥自己的潜力，在大多数情况下，梦想真的可以实现。

宣言的规则

①宣言必须使用"现在时"

将来，我想成为棒球选手。　　我就是棒球选手。

②宣言应该是积极的

不再失误　　　　发挥出色

③宣言越短越有效

想成为棒球选手，晨练必不可少，每天都做吧。

④宣言的内容应该适合自己

明明五音不全，却想"成为音乐家"。

⑤要意识到自己正在创新

虽然大家都在做……

⑥宣言不应该与自己的感情相矛盾

明明不喜欢棒球，却说"要成为棒球选手"。

⑦尽可能相信宣言的内容

我要成为棒球选手。

想象一下成为棒球选手的情形，从心底里相信这件事，并做出宣言。

掌握说话技巧

触动内心

17

想与对方畅谈的诀窍，其实在于说话的节奏。

　　如果既懂得说话技巧又善于倾听，与对方的交谈就会进展顺利，彼此间也能建立起良好的关系。关于通过对话来提高对方好感度的诀窍，我们在前文曾讲解过镜像效应。除此之外还有"共鸣"这一方式。镜像效应指的是模仿对方的动作的心理现象，共鸣指的是配合对方的呼吸和声调的表现。

配合对方的说话节奏

的确是，关于这一点，我也是这么想的。

谢谢！

和这个人说话好轻松。

配合对方的节奏吧。

对话没有压力

对话的节奏本就因人而异，如果有意识地配合对方说话的节奏，就可减少对话的压力。对方会觉得你是"好说话的人"，对你的好感度就会提升。

产生共鸣的诀窍

啊，关于这件事呢，我们正在讨论中。

这样啊，那么今后一定让我了解一下情况。

实在是太伤脑筋了⋯⋯

那真的是太难受了。

配合对方的说话方式

配合对方说话的速度、节奏、声音等。对方能够按照自己的节奏舒服地说话，就会对你抱有亲近感。

配合对方的状态

配合对方的情绪和兴奋程度。对方对你生气的时候，你可以稍微夸张地表现出沮丧的样子。像这样，以相反的情绪表现来配合对方也是有效的。

呼——吸——

呼——吸——

是这个样子吧。

配合对方的呼吸节奏

观察对方的肩膀和腹部动作，调整呼吸节奏。这样就能自然而然地配合对方说话的节奏和速度。

　　要形成共鸣，就要着眼于"对方的说话方式"（声调、语速、节奏等）、"对方的状态"（对方是平静的还是兴奋的，以及情绪起伏等）、"对方的呼吸"（观察对方的身体动作，调整呼吸节奏以与对方保持一致），以此来配合对方。如果能够巧妙地形成共鸣，与对方谈话的整体感就会提升，也就让彼此更容易建立起良好的信赖关系。

听完商品介绍就想买

18

撼动内心

若想让对方产生购买欲，有"明示"和"暗示"两种说服法。

如果你是售货员，一般都会对顾客说"这个商品十分实惠"这样的话来做推销。然而，有些人一听到这些话，就会放弃购买。对这些人来说，他们听到售货员的推销后，就会产生"被操纵"和"被强迫"的感觉。对于这样的人，不直白地向他们推荐商品反而会促成他们购买。

明示说服法

这个套餐现在很划算，强烈推荐！

明确地说出结论

想说服对方时，不仅要说出理由，还要明确地说出结论。大多数人在得知结论后会更容易被说服，这种说服方法在通常情况下比较有效。

暗示说服法

这个套餐是最便宜的。

故意不说结论

在说出结论后，顽固且疑心较重的人反倒会产生"会不会有什么隐情？"的想法。你只需要传达信息，结论由对方自己判断。

所谓暗示说服法，指的是只将商品的质量和价格等信息告诉顾客，至于是否购买，交由顾客自己决定。对于那些凡事不自己决定就不称心的人，或者喜欢对各种信息进行逻辑性思考的人来说，暗示说服法往往很有效。而明示说服法指的是主动直白地推销商品的方法，该方法用在优柔寡断的人身上往往比较有效。

明示说服法对哪类人有效？

嘿嘿

不深思熟虑且具有从众心理的人

对于缺乏自信、总是征求他人意见，并不由自主地服从他人意见的人，明示说服法十分有效。

暗示说服法对哪类人有效？

充满自信并深思熟虑的人

对于那些对自己的判断充满自信、对待他人的话语不全盘接受并理性思考的人来说，提示结论往往会起到相反效果。对待这类人，只传达给他们信息，实际判断就交由他们自己吧。由于思维定式，他们更会认为自己的判断是正确的。

> **小贴士**
>
> ### 思维定式
>
> 人们在行动、态度和信念等方面，往往会保持一贯性。因为坚信自己的观点是正确的，所以人们会固执地坚持自己的观点。

触动内心

19

初次约会选在氛围好的地方

约会地点的氛围能够影响对方的情绪……这是约会的常识。

　　与意中人初次约会时，谁都会仔细思考"去哪里"。这真的很重要。因为对一个人的好感度，不仅取决于对方的为人，还受到相处环境的影响。在氛围好的环境中，人的心情会很轻松，对相处的对象的好感度也会大幅提升。心理学家格里菲特将这一心理现象称为"感觉良好效应"。

有关花生和百事可乐饮料的实验

让两组大学生分别阅读标题为"癌症的治疗法""美国军队规模""月球世界旅行"和"立体电影"的论文。给其中的一组提供了花生和百事可乐饮料。

➡ 被提供饮食的小组对论文给予了好评。

氛围好的环境使人友善

- -

美国心理学家贾尼斯的实验证明，仅仅因提供了花生和百事可乐，人们就变得更加友善。这一心理技巧与午餐技巧也存在相通之处。

在氛围好的地方约会或商谈吧

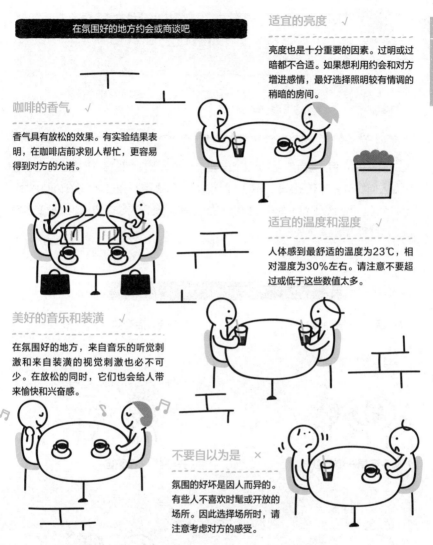

咖啡的香气 √

香气具有放松的效果。有实验结果表明，在咖啡店前求别人帮忙，更容易得到对方的允诺。

美好的音乐和装潢 √

在氛围好的地方，来自音乐的听觉刺激和来自装潢的视觉刺激也必不可少。在放松的同时，它们也会给人带来愉快和兴奋感。

适宜的亮度 √

亮度也是十分重要的因素。过明或过暗都不合适。如果想利用约会和对方增进感情，最好选择照明较有情调的稍暗的房间。

适宜的温度和湿度 √

人体感到最舒适的温度为23℃，相对湿度为30％左右。请注意不要超过或低于这些数值太多。

不要自以为是 ×

氛围的好坏是因人而异的。有些人不喜欢时髦或开放的场所。因此选择场所时，请注意考虑对方的感受。

不管是初次约会还是拍婚纱照，将地点或店铺选在哪里，会在很大程度上影响对方的情绪。当然，氛围的好坏也是因人而异的。所以在选择地点或店铺时，不要只依赖网上的评价或朋友的推荐，还应该事先掌握对方的喜好。缘此，为了避免自己好不容易选择的约会地点却令对方不满意，事先以不察觉的方式探询出对方对地点的喜好就显得尤为重要。

触动点应

20

如果给人的第一印象太差

即使给人留下的第一印象太差，也可能因为某个契机，就能给人留下良好印象。

前文曾讨论过首因效应，知道如果没能给人留下良好的第一印象，在之后想改变人们的印象则十分困难。不过，想让之前留下的坏印象转变为好印象并非完全不可能。虽然给人留下的第一印象太差，但也可能因为某个契机让人改变了看法。这被称为增益-损失效应。

阿伦森和林德的实验

· 从头到尾一直夸奖

· 先贬低，后夸奖

· 从头到尾一直贬低

· 先夸奖，后贬低

印象会随着评价方式的改变而改变

实验分为4组进行，每组都由女性来征求男性评价，一共评价7次；4组所评价对象均为同一位不在场的男性；每组的评价方式不同，一共分为4种类型（如上图所示）。结果表明，"先贬低，后夸奖"那一组所评价的男性给女性留下了最佳印象。

比如，长相"恐怖"的人，给人留下的第一印象肯定不太好。然而，这样的人在交往时如果露出非常迷人的笑容，语气亲切，给人留下的印象就会改变。再比如，看起来随便且不认真的人，如果干起活来可靠又踏实，也会取得同样的效果。在工作上，即使给人留下的第一印象不是很好，但只要工作能力突出，就会让人刮目相看。所以，努力工作是相当重要的。

成效显著的增益－损失效应实例

· **看起来不擅长做家务，做饭却得心应手**　　· **看起来冷淡，笑容却很动人**

实际和外表的差距

人们习惯通过外表来决定印象，因此如果能拥有与外表反差较大的特长，增益－损失效应就会更为显著。

颠覆印象的笑容

缺乏表情的人容易给人留下不好的印象，但正因如此，偶尔露出笑容，会产生增益－损失效应。对笑容没有自信的人，可以多加练习。

· **在送出让人失望的礼物之后拿出真正的礼物**

用惊喜将喜悦最大化

虽然时机难以掌控，但在送礼物时，先让对方失望再让其惊喜，对方会因增益－损失效应而获得巨大的喜悦。

各种谈判技巧之一

触动内容
21

销售商品或做问卷调查时利用的心理技巧。

在商务活动中，当想让对方接受自己的请求时，可以利用各种基于心理学的技巧。比如利用以退为进法。这种方法是指，先提出一个不切事实的大的请求，当看到对方面露难色时再换成一个稍微简单的请求。先提的请求要以对方拒绝为前提设立，被拒绝后再提出真正的请求。

以退为进法

喂，给我买这个包！

这么贵，我吃不消！

¥50,000

那，这个便宜的也行，拜托了！

真拿你没办法。

先提出高要求

先提出一个绝对会被对方拒绝的较高要求，再逐渐降低要求，直到对方接受要求。对方会因提要求方的让步而产生亏欠感，因此会更容易接受。

登门槛效应

这点请求没问题。

先提出一个小请求

与以退为进法相反，利用登门槛效应就是首先提出一个较小的请求，再逐步接近目标请求。

那我就捐一点吧。

我正在开展沙漠绿化运动。可以请您签个名吗？如果可以，也希望您能参与募捐，小金额就可以。

谢谢！

一分钟策略

只占用您一分钟，一起喝杯茶吧。

……我只喝茶啊。

使对方接受微小的请求

此技巧可以使那些不抱有兴趣的人愿意接受我们提出的微不足道的请求。使用该技巧时，对方一般会选择接受。

低球技术

太棒了，这件衣服7折就可以买到！

7 折优惠

这件衣服不属于打折商品，您决定了吗？

高球技术

什么？啊，是的。

这不是二手商品吗？不能3000日元卖给我吗？

¥10,000

不行啊！就算打折也要9000日元。

那么，中间价6000日元怎么样？

在对方接受后推翻条件

顾客在接受过一次请求之后，即使请求的条件变得对自己不利，也会倾向于继续接受。这一心理技巧是对思维定式的应用，即人们总是坚持自己的信念和态度。

不断提示谈判条件

该技巧是指当有交涉的余地时，提出一个对方绝对不会接受的条件，并且态度强硬地对对方提出的折中方案再次提出条件。在交涉过程中，对方会逐渐麻痹，即使条件十分不利也会答应下来。

　　除此之外，还有以下几种谈判技巧。"一分钟策略"是指当对方同意"花一分钟听我讲话"时，即使讲话超过了一分钟，对方也不大会表现出厌烦的神色。而登门槛效应是指起初如果对方接受了一个小请求，那么当我们逐渐提出较高要求时，对方往往也会接受的现象。另外还有在对方接受了有利条件之后追加"其实……"这样不利条件的"低球技术"，以及"高球技术"，等等。

融动内心

22

各种谈判技巧之二

让艰难的谈判变得对自己稍微有利的几个会话技巧。

有效的谈判技巧还有很多。比如，在己方处于不合理条件下进行谈判时，可运用"是的，如果法则"。当对方提出苛刻的条件时，首先接受它，然后在此基础上提出一个新的提案："如果……，我就……"以此来寻求双方的折中方案。

是的，如果法则

可以，如果能推迟一个月交付，做得会更好。

这项工作，给你 50 万日元怎么样？

接受之后，提出己方条件

在谈判中，出于对长期战略的考虑，有时不得不接受对方提出的不合理要求。在这种情况下，可以运用"是的，如果法则"来稍微改善一下谈判要求。在接受对方的请求之后，提出己方条件："是的，如果您可以……"

是的，但是法则

下回那件事也拜托你了。

您交给我来做，我很荣幸！但是时间上和其他工作有冲突，所以可能有点困难。

先接受，再委婉地拒绝

在条件不符合或者由于某种原因不得不拒绝对方的要求时，为避免引起争端，提出异议时可运用"是的，但是法则"。这一技巧的重点在于不使用有否定意味的说辞。

还有一种更高级的"是的，但是法则"。在无法遵从对方的意见或方案时，先肯定对方的意见或方案，再说"但是……"，即自己的主张。在这种情况下，因为先肯定对方再推进谈话，所以伤害到对方的可能性已经降低。另外，还存在"是的，而且法则"，即在肯定对方的意见或方案后，再不露痕迹地提出自己的主张："而且……"

是的，而且法则

那件事，请按照之前的方法做吧。

好的，而且用其他方法有可能会很顺利。

先接受，再提出建议

"但是"等带有否定意味的词语会给人留下不好的印象。"是的，而且法则"中带有顺接连词，运用该法则可以起到添加自己的建议、否定对方方案的效果。

开放式或封闭式问题

你喜欢电影吗？

嗯，喜欢……

喜欢什么样的电影？

嗯……我比较常看恐怖片。

闲聊时就展开话题

在谈判之前，一般都会闲聊几句。如果在闲聊时能巧妙地展开对话，那么与对方的亲密度会随之提高。用"是"或"不是"来回答的封闭式提问，是一种很有名的让对方容易回答的谈话技巧。当然，让对方自由回答的开放式提问，对深入挖掘对方的兴趣和想法较为有效。

脑动内心

23

与恋人步入倦怠期时

如果交往多年感到了倦怠，可以尝试让恋人吃醋。

嫉妒策略是针对暗恋者实施的策略，即被暗恋者通过展现自己受到其他异性爱慕来引起暗恋者的嫉妒，从而促使暗恋者对自己展开追求。比如，坦率地向暗恋者表明，自己因被某人追求而备感烦恼，并试着向他倾诉"我只能找你商量"等，就是实施该策略的一种表现形式。

煽动嫉妒心，突破倦怠期

①

社团情侣……

不知道为什么，今天好乏啊。

最近，他对我感到倦怠了吗？！

②

与社团中恋人的朋友的关系突然开始亲密！

那个游乐场很有意思。

我想去玩。

……

③

嫉妒心导致关系紧张

你不能随随便便就和那家伙走得太近。

对不起，那你可以陪我一起去游乐园吗？

知道了。

一不小心，就有可能被其他男人勾引。

用嫉妒心来刺激不安全感

恋爱关系需要不断取得进展。两人关系一成不变，虽然会让人感到安心和稳定，但也会因产生倦怠而导致关系冷却下来。在这种情况下，采用嫉妒策略就可以通过激起对方的嫉妒心来打破这一状况。

有效的时机

· **超越普通的朋友关系**

促进关系发展

两人关系亲密并且经常约会，然而对方不告白。或者，交往多年的对象迟不向自己求婚。像这样，希望能够促进双方关系进展时，最适合采用嫉妒策略。

· **长期交往却没有谈及结婚**

不能使用嫉妒策略的对象

· **没什么效果的对象**

嫉妒原本就是负面情绪

稍微尝试一下，如果对方变化不大，那么反复尝试可能会适得其反。对方或许讨厌与别人竞争而选择放弃。另外，如果对方原本控制欲较强，那么他可能因效果过于明显而变得情绪化。对于这样的人，建议不要使用嫉妒策略。

· **过于在意的对象**

　　此外，嫉妒策略除了可用于暗恋者身上，也可用于进入倦怠期的恋人身上。当恋爱双方的关系无法继续深入，或者经长期交往后还不提结婚之事，这时可以尝试故意地与其他异性相约出游，或者若无其事地告诉对方，你对某人很感兴趣。这样一来，对方内心的火焰或许一下子就被点燃了。

如何应对两难选择?

触动内心

24

对于逼迫自己接受不全面的"二选一"的人,要坚决拒绝。

人生中,非黑即白的事情并不多。但有些人偏偏只准备两个选项,并强迫他人做出选择。极端的例子就是遭到邪教组织的逼迫。例如,当你被告知"你必须买这个罐子,否则就得死"时,看上去你有两个选择,但是其中一个是"死",留给你的只有"买罐子"这个选项。

世间无处不在的假两难推理

我和工作,哪一个重要!

如果你不入教,就会堕入地狱。

是朋友,你就必须来!

赶快整理,就是因为这样,你才做不好工作。

你怎么能把不喜欢吃的食物剩下呢!世界上有那么多想吃东西却吃不到的人!

被迫在两个错误选项中做选择

强行将事物分成两类,然后强迫他人在其中做选择。这样的事情时常发生。"不是……,就是……",或者"如果不……,就会……"等说法被称为假两难推理,它是诡辩的代表性技巧之一。

像这种毫无道理的"二选一"被称为假两难推理。以身边的事情为例，"如果不学习，以后就会成为流浪汉"这种说法就属于假两难推理。"不学习"并不一定等同于将来"成为流浪汉"，因为将来的选择和可能性还有很多。很多时候，有人会不假思索地使用这种极端的说法。其实，对于这种说法，我们就应该明确地指出，还存在很多其他选择。

如何处理假两难推理

当然都很重要啦！

不应该选择

在根本无法比较的选项中做选择时，没必要勉强自己选择其中之一。如果非得选，就将所有选项都选上，这反倒是正确的选择。

我想去地狱看看，所以不会入教。

推翻前提

"地狱=痛苦之处"是选项的前提，用"没去过地狱，所以想到地狱去看看"，就能推翻这个前提，有效应对假两难推理。

对不起，那天我很忙。我会弥补的，请原谅我吧。

提出其他选项

也可以提出其他选项，同时告诉对方，即使没有满足对方哪怕一个问题，也不会导致失去友情。

我会加油的。

你的话与这件事无关。

啊，是吗？

指出谎言

剩下"不喜欢吃的食物"与世上存在饥饿根本不是一回事。如果指出这是牵强附会，选项自然就不成立。

把它当作挖苦，不在意

上司苛责的并不是不会整理，而是工作成绩较差。如果明白这一点，整理就不再是一个必选项。你可以不用在意上司的话，而是继续努力工作。

171

触动内心
25

拿出最大干劲的难度有多大？

没有干劲，也许是因为要做的事情太难或太简单。

　　作为上司，一个重要职责就是激发下属拿出干劲。对此，制定目标的方法十分重要。心理学家麦克利兰为探寻能激发干劲的动机，做了一个套圈实验。实验结果表明，比起绝对成功或者注定失败的套圈距离，成功率在50%左右的距离更能吸引孩子们套圈。

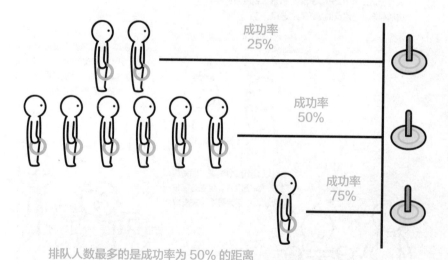

麦克利兰的套圈实验

成功率
25%

成功率
50%

成功率
75%

排队人数最多的是成功率为 50% 的距离

麦克利兰对孩子们的成就动机的强弱进行一番调查之后，就做实验来测试他们想在哪个距离套圈。实验结果显示，成就动机较强的孩子基本上都选择了成功率为50%的距离来套圈。而成就动机较弱的孩子，有一半以上也选择了这个距离来套圈。

阿特金森动机公式

动机＝成就动机的强度 × 预估的成功概率 × 成功诱因值水平

注意成功概率

阿特金森动机公式非常具有说服力，当成功诱因值一定时，预估成功概率为50%的人，其干事的动机最为强烈，这也为套圈实验所证明。预估成功概率过高或过低，都会有损干事的动机。

增强成就动机，减少回避失败动机

成就动机＝原有成就动机 – 回避失败动机

要提高干劲就需要增强成就动机。成就动机也可以理解为原有成就动机减去回避失败动机。也就是说，越不害怕失败，干劲就越高。所以请务必注意，不要增加对方恐惧失败的压力。

　　阿特金森提出，动机的强弱取决于"成就动机的强度""成功概率"和"成功诱因值"这三个因素。当成功概率为50%时，动机较弱的人（比起"想获得成功后的自豪感"和"害怕失败时丢脸"的人）反而无法提起干劲。只有认为自己必然会成功，或者认为无论是谁都会失败的时候，他们才更有干劲。

脑动内心

26

建议要适度

提供建议的频率会影响效果。

身为上司或前辈，为了提高工作成绩，该如何指导下属或后辈呢？理所当然，作为上司或前辈，可以灵活运用自己的知识和经验给出建议。然而，物极必反。佐治亚理工学院教授劳瑞曾做过一个实验，了解在一项需要做30次采购的工作中，向采购员提建议的次数对采购员的工作效率的影响。

劳瑞的实验

· 在 30 次采购业务中，每次都提建议 　　　· 每 3 次采购提 1 次建议

真啰唆。　那些数量太多了。　下次可以换一家批发商。　交货日期是……

好，我知道了。　不要再采购那件商品了。　看看库存数字是多少。

效率最低

每次工作时都提建议，工作效率会降至最低。

效率中等

工作效率比每次都提建议时高，但不是最佳的。

· 每 6 次采购提 1 次建议

我已经慢慢掌握了。　好。　入库的时候，要注意。

效率最高

尽可能少地提建议，工作效率最高。

该实验结果表明，在30次采购业务中，每次都被提建议的采购员，其工作效率最低。而工作效率最高的是每6次采购业务只被提1次建议的采购员（是被建议次数最少的人）。虽然人们提建议都是出于好心，但在行为心理学上，提建议恰是否定并有损建议对象动机的行为。当然，在现实工作中，有需要提建议的情况，但最好把建议控制在最低限度内。

了解建议的性质

否定对方

虽然是为对方着想，但建议会否定对方所做的努力。不管建议多么正确，努力被否定都会影响人的心情。在对方未寻求帮助时提建议，也是不礼貌的做法。

高高在上

提建议的一方一般都会让自己显得地位较高，这会让另一方感到被人压制而不舒服。另外，提建议的人往往认为自己提的建议是正确的，并希望得到认可。为此，他会不自觉地展示让另一方必须接受的威慑力。

接受建议的好方法

理解建议者的善意

大多数时候，提建议的人所提的建议都是发自内心的善意。如果我们是寻求建议的一方，那么即使得到的建议不是很理想，也应该照着做一次。

无视那些随随便便的建议

如果家人、朋友或者亲戚等人随意给你提建议，那么不要过多在意，直接忽视就行。考虑到随便提建议是不礼貌的行为，因而不管人家是否出于善意，对其置若罔闻并与他们保持距离才是正确的做法。

改善颜值更容易获得成功

触动内心 27

职场人士若想获得提升，改善颜值也很重要。

匹兹堡大学教授弗里斯曾针对"长相和收入的关系"进行调查。调查结果显示，长相好的人在12年后比长相差的人的年薪多出约4000美元。比起能力，长相更容易影响工作成绩和收入。虽然这种说法很可怕，但在韩国，很多人之所以选择美容和整形，在很大程度上就是为了能在社会上取得成功。

长相对人生的影响很大！

戈登的调查显示，长相好则……

· 成绩好，收入高。

哈默迈什的调查显示，长相好……

· 一生收入多出20万美元。
· 容易与异性交往，休闲娱乐的机会增多。

弗里斯的调查显示，长相好，女性……

· 起薪不变，但薪资上涨速度较快。
· 进入社会就业的人较多。

长相好的人更受益

在心理学领域，开展过很多有关长相对人生影响力的调查。虽然调查的数据各不相同。但有一点是一致的，即"长相好（他人的评价高）的人在人生中更受益"。这是非常现实的结论。

长相出众引起的心理效应

众星捧月

晕轮效应

长相出众，会提升人们对其人的能力和人格的评价，有助于学业或销售成绩的提高。

增强自尊心

自尊心或自我肯定能让人认同自身价值，自我肯定的人无论做什么都能积极自信地去做，积累起的丰富经验也能让他获得成长。

如何逆转……

研究时尚

长相不只是容貌的事，研究那些可以让自己看起来更出众的时尚，可以大幅度提高自己的颜值。考虑到长相与年薪的关系，研究时尚或许是一项有效的投资。

研究表情

长相好的人最受好评的是笑容。即使相貌平平的人，如果笑容和笑的方式很有魅力，就能得到很高的评价。除了笑容，还可以研究一下让自己看起来更好的各种表情。

　　得克萨斯大学劳动经济学家哈默迈什以7500人为对象，对"长相与经济的关系"进行了长达20年的研究。研究表明，长相高于平均水平的人，其一生的收入比低于平均水平的人要高出20万美元。在工作中，长相出众的人也会让人觉得其"工作能力强"和"收入高"。所以，姑且不谈先天的长相，单是改善颜值本身就是有意义的。

触动内心

28

想增进关系，就从右侧接近

从左侧搭话，与从右侧搭话，对方的反应是不同的。这是为什么呢？

心脏位于胸部左侧。因此，比起右侧，人们会于无意识中首先保护身体的左侧。田径比赛时运动员之所以向左转，据说也是出于让身体左侧处于里侧的考量。因此，人们会对站在自己左侧的人自然地产生戒心。如果想增进关系，就从对方的右侧靠近对方，这样对方就有可能不对你产生戒心。

分别在左、右侧搭话时，对方的反应是不同的吗？

从右侧接近……

部长，能耽误您5分钟吗？

嗯，稍等一下。

人对右侧的戒心较低

大多数人是右撇子，对惯用右手的右侧没什么戒心。与上司谈话的时候，从他的右侧接近比较保险。

从左侧接近……

现在我很忙，一会再说！

部长，能耽误您5分钟吗？

人对左侧的戒心较高

心脏所在的左侧，大多数人无法灵活地使用惯用的右手来应对事务，所以对左侧一般都抱有较高的戒心。因而，请避免从上司的左侧接近上司，以免给他带来不必要的压力。

相反，如果一个人允许他人站在自己的左侧，就表明他已经放松警惕，并十分看重这个站在左侧的人，或者说，他对左侧的人十分放心。特别是，当男性让女性站在自己的左侧时，一方面意味着他将身体最重要的左侧暴露在女性面前，另一方面也表明他想用自己的左臂保护女性，用右臂对抗敌人。

身体的前后左右与沟通的关系

被喜欢的人从背后搂抱，女性会有安全感

很多女性喜欢被自己喜欢的人从背后搂抱。这其实是出于一种本能。当易受到攻击的后背被强大的男性守护时，女性会获得安全感。

男性喜欢让女性处于左侧

由于人们对身体左侧的戒心较高，所以会把想保护的东西置于左侧。这也表明，人们会事先空出右臂以应对紧急事态。此外，女性在深层心理上也希望得到男性保护，所以把惯用右手的一侧托付给男性。

初次见面！

情侣在男性左侧，会怎样？

这种情形，有些纯粹是因为男性是左撇子。另外，根据脑科学，男性要发挥所擅长的逻辑思维，最好是让右耳听到声音，然后将声音传递给左脑。而让左耳听到声音，然后传递给右脑，则更利于女性活跃情绪。因此，这种情形，可以充分利用男女的特质。

初次见面时，不要站在眼前

面对不怎么认识的人，谁都希望个人空间较大。因而，初次见面时，刻意接近对方会使其产生压迫感，接近时请选择对方戒心较低的右侧。

用音乐调整精神

脑动内心
29

音乐具有治愈心灵的效果，常被积极地用于心理疗法。

当情绪低落的时候，为了打起精神，你会特意听些欢快的歌曲吗？其实，因失恋而感到痛苦时，失恋者大都会静静地听那些吟咏失恋的情歌吧。在心理学上，这是合情合理的。让听者倾听符合当时心境的歌曲，可以使他们的精神状态向良好的方面转变。这种心理作用被称为"同质性原则"。

听符合心情的音乐，让内心平静下来

√ 悲伤的时候，听悲伤的歌曲

× 悲伤的时候，不要听激烈的歌曲

同质性原则使心情平静

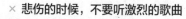

美国的精神科医生阿奇舒勒提出了"同质性原则"。他认为在使用音乐治疗疾病时，使用符合患者当时的心情和精神状态的音乐较为有效。这一理论作为音乐疗法领域的基本理论被人们熟知。

用音乐来进行精神治疗和促进身体发育

音乐具有疗愈和放松的效果，因此作为辅助医疗手段，音乐疗法得以确立并受到广泛的研究。

正在跳舞和演奏竖笛的老人

利用演奏和舞蹈来帮助康复

演奏音乐或跟随音乐跳舞，可以使痛苦的康复训练变得轻松一些。

帮助开口说话和发音

对于患有先天性语言障碍的儿童，可以用音乐来教授他们如何说话。

对于抑郁症患者或长期闭门不出等存在社交障碍的人，可以通过教授音乐促进沟通。

音乐是一种绝佳的沟通方式。人们希望通过音乐疗法使抑郁症和长期拒绝社交的现象得到改善。

用合唱来教导如何进行集体行动

对于不擅长集体行动或患有智力障碍的儿童，可以利用音乐帮助他们进行社交技巧的训练。

　　人在悲伤时，如果有人能与自己产生共鸣，就会感到安心；失恋时，听失恋的歌曲，就会觉得歌词道出了自己的心声，内心的伤痛就能得到疗愈。因此，人在难过时，先将自己沉浸在悲伤的歌曲中，然后慢慢地听一些节奏快的歌曲。相反，紧张的人可以先听节奏快的歌曲，然后慢慢转为听节奏慢慢的歌曲。

什么是心灵主义？

　　在电视或书店里，我们经常能看到"心灵主义"或"心灵主义者"这样的词语。这些词语的含义非常模糊。

　　以前，人们称那些在舞台上表演读心术的人为心灵主义者，然而现在，人们大多以此来称呼那些"精通精神领域的人"。由于人们在使用时对其赋予的含义存在着微妙的差异，因此对于"心灵主义者"，现在仍然没有明确的定义。

　　但有一点是相通的，那就是心灵主义者都以心理学为基础，并且还运用催眠疗法等各种知识和技术来进行精彩的表演。